中青年经济与管理学者文库

U0819701

去家族化的动机、演化及经济后果研究

王藤燕　著

中国财经出版传媒集团
中国财政经济出版社

图书在版编目（CIP）数据

去家族化的动机、演化及经济后果研究／王藤燕著

．--北京：中国财政经济出版社，2023.3

（中青年经济与管理学者文库）

ISBN 978-7-5223-1435-8

Ⅰ.①去…　Ⅱ.①王…　Ⅲ.①家族－私营企业－企业管理－研究－中国　Ⅳ.①F279.245

中国版本图书馆 CIP 数据核字（2022）第 079640 号

责任编辑：温彦君　　责任印制：党　辉

封面设计：智点创意　　责任校对：徐艳丽

去家族化的动机、演化及经济后果研究

QUJIAZUHUA DE DONGJI YANHUA JI JINGJIHOUGUO YANJIU

中国财政经济出版社 出版

URL：http：//www.cfeph.cn

E-mail：cfeph@cfeph.cn

社址：北京市海淀区阜成路甲 28 号　邮政编码：100142

营销中心电话：010-88191522

天猫网店：中国财政经济出版社旗舰店

网址：https：//zgczjjcbs.tmall.com

北京财经印刷厂印刷　各地新华书店经销

成品尺寸：148mm×210mm　32 开　7.375 印张　181 000 字

2023 年 3 月第 1 版　2023 年 3 月北京第 1 次印刷

定价：33.00 元

ISBN 978-7-5223-1435-8

（图书出现印装问题，本社负责调换，电话：010-88190548）

本社质量投诉电话：010-88190744

打击盗版举报热线：010-88191661　QQ：2242791300

策划人语

题记：一个人的精神成长史，取决于他的阅读史。只有阅读能最有效地培养精神生活习惯，而好的习惯又培养性格，性格决定人生。

——我们自豪，因为我们就是创造这精神产品的人。

选择了飞翔，总能看到蓝天；选择了远航，总能感受大海。人生不仅要作出选择，也要坚持住自己的选择。学会计、当编辑是我的意外选择。人说编辑是为人作嫁，可是这一选择我坚持了30年，苦在其中，乐在其中，也算是有声有色。每当我把一本本好书呈献给人们的时候，我觉得我是“富贵”的人：富，不是你身上的钱财，而是你心里的满足；贵，不是你地位的显赫，而是你被人需要的程度。

书海探寻，情怀永恒

我要说，做编辑我幸运，因为我不仅是第一个读者，可以对作品“品头论足”，也可以对作品“生杀予夺”；更重要的是，这是一个有很高层次的平台，在多年与名家的交往和名著的“对话”中，深深地为他们的人格和才学所感动，被作品的精彩所吸引，这不仅使我“下笔如有神”，更使我的思想和灵魂也受到一次次洗礼和震撼，得到一次次升华。对于我的作者我的书，如数家珍，作者中不乏才学和为人同样过人的多位泰斗和“颜值高责任大”的众多才子佳人；策划的作品不仅立足专业还兼顾人文，也是情怀所在，专业加人文路才会更宽更远。

多年的体会是，作为一名编辑，起码要“三心二意”，即“责任心、细心、耐心”和“服务意识、创新意识”。要多策划一些拳头产品，用一个选题推动一个系统工程，用一个系统工程培养一个出版社品牌。给新入职编辑讲座时我做过一个比喻：编辑两项基本功，审稿——甚至要比博导审批学生论文还要全面、细致；选题策划——要像电影导演一样做“星探”，善于发现优秀作者和挖掘好的原创作品。记不清30年来我策划和编辑了多少书，组织和策划了大批教材、业务培训用书、通俗读物、理论专著等，有的获得过国家、省部级各类奖项，有的以其填补空白、社会热点、风格新颖、开拓尝试等特点受到读者的欢迎。正是：

一入书门情似海，
探寻经典职责在。
苦辣酸甜何其乐，
编辑人生也精彩。

想是问题，做是答案

众所周知，目前的图书出版业在行业竞争和纸质图书受到严重冲击的情况下，出版人无不感到莫大的危机。在这种背景下，我们还要积极应对，完善纸质图书的固有特质，拓宽纸媒的功能，挖掘出版内容和形式都精彩的原创作品，适应新形势下读者的更高需求。2017年至今，在新的时代环境下不断出新，我又策划了多套系列丛书和单本图书，不乏名家著作、教材、学术专著和实务丛书等，继续为扶持学术研究和总结实践最新成果，在高端研究与专业知识普及和应用之间搭建一座座有益的桥梁。

每一个时代的经济环境不同，理论研究和实务探索所需要解决的问题也有所差别。当前我国处于新的历史时期，市场环境和组织模式不断演变发展、推陈出新，经济、管理、财税等领域的新理论、新思想、新方法、新工具也层出不穷。乱花渐欲迷人眼，击水三千浪几何？这些领域的研究人员被时代赋予了更艰巨的责任，也面临着更高、更多元的要求，我们不仅要具备更广阔的学术视野，而且要有更严谨的学术思维。

输在犹豫，赢在行动

《中青年经济与管理学者文库》的作者，都是我国经济与管理领域的中坚力量，也是未来的大家。他们中有些人潜心从事理论研究，有些人则深耕在实务一线，但无论现实身份如何，视野全都没有被拘泥在“象牙塔”内。他们从不同视角对市场经济的不同要素进行细致审视，然后汇聚于“财经版”这面旗帜之下，相互碰撞，彼此激荡，力求在市场经济转型升级的关键时期留下最新鲜的“中国印记”。

这些经济与管理领域的中青年学者，就是我国市场经济发展的潜力与优势，他们的研究成果，不仅将引领市场经济的各个组成环节向更科学、更先进的方向发展，而且将成为我国政府和企业在未来经济世界扮演更重要角色的支点与动力。祝愿这些中青年学者能攀上更高的学术之山，走向更远的研究之路，也期待宏观、中观、微观各个层面的市场参与者都能从这套文库中得到切实的启发与指引，在全面深化改革、增强发展活力的关键时期，发挥正能量和积极作用，为经济社会发展增添新的动力！——这也是我策划此套丛书的初衷。

作始也简，毕也必巨

2021年，是一个非凡之年，纵观世界风云，抗击疫情“风景这边独好”，“十四五”规划开局，我们喜迎建党百年。“其作始也简，其将毕也必巨。”从“开天辟地”“改天换地”到“翻天覆地”“惊天动地”，我们党经历了四个历史时期——救国大业、兴国大业、富国大业、强国大业，四件大事铸就了中国共产党百年辉煌。我们不禁感叹——风雨百年创辉煌，“天地”之间“有杆秤”。

2021年，还是一个纪念之年，出版社成立65周年和我从事编辑工作30周年。65年来，财经出版社始终坚持正确的舆论导向和鲜明的出版特色，努力为经济建设和财政工作服务，致力于为读者奉献经典作品，在中国财经出版传媒集团旗下发挥着更大的作用，取得更大的成就。作为一个有着20多年党龄的党员，我是生在新中国长在红旗下的幸运的一代，怀着对党无限的热爱和感恩，浓情做事、淡泊做人，用30年的情怀和坚守见证了出版业的转型，践行了编辑的天职，向党递交一份努力的答卷。

2017年策划出版《中青年经济与管理学者文库》至今已五年，得到了众多中青年学者的热烈响应与大力支持，文库诞生至今已囊括专著60余种，为中青年学者们提供了展示学术研究成果的平台，作者队伍不断壮大，作品陆续出版。如果您认可，如果您有意愿，欢迎您和您的朋友加盟我们的作者队伍！在中国财经出版传媒集团的“旗舰”下，中国财政经济出版社这“老字号”，一定励精图治，谱写新的篇章。敬请关注“龙媒玉制新书坊”微信公众号，我们用“龙的精神，玉的品质”来助力您实现梦想！

策划人：樊清玉

邮箱：qingyuf@ sina. com

2021年12月31日

前言

家族企业是中国经济发展的一支重要力量。改革开放以来，经过多年的发展，家族企业已经有了一定程度的原始积累。在寻求进一步发展的过程中，有些家族企业逐步进行了去家族化，但有些家族企业依然保持家族控制和管理。不同家族企业继续发展的走向不同，并且受到内外部多种因素的影响。

本书以去家族化的家族企业作为研究对象，并与未去家族化的家族企业形成对照，结合我国的行业环境和制度背景，探讨影响家族企业去家族化的相关因素，揭示不同类型的家族企业在不同情况下选择的去家族化方式，为市场监管机构监督市场，促进家族企业平稳高效地发展提供经验证据。

本书共分10章，第1章为引言，介绍本书的研究背景与意义，研究路线、研究方法、创新点和研究对象的界定与辨析。第2章是文献回顾与理论分析，主要对家族企业的公司治理理论、社会情感理论以及家族企业绩效等相关文献进行梳理，并在此基础上进行分析。第3章为家族企业成长的制度背景，简要概述了家族企业的兴起与发展，包括其成长的历史背景和发展过程中的制度环境。第4章至第6章是实证研究部分。第4章主要介绍了家族企业去家族化的现状以及家族企业层面对企业去家族化的影响。第5章主要探讨了行业层面和制度层面对家族企业去家族化的影响。第6章研究分析了家族企业去家族化后的绩效变化情况。第7章检验了去家族化与企业融资约束之间的关系。第8章分析了去家族化与投资效率之间的关系。第9章为案例分析，通过案例说明家族后代能力与家族成员内部和谐关系对家族企业去家族化的影响。第10章是对本书进行总结，提出研究的不足以及未来研究的方向。本书的主要内容及结论如下。

首先，对家族企业的定义进行了梳理，回顾了家族企业的内外部发展及其理论，并简要地叙述了家族企业的历史起源与变迁。通过对家族企业进行不同的分类，分别探讨了家族企业在不同的环境中的不同走向。在企业层面和行业层面分别研究了影响家族企业去家族化的因素，分析了家族企业在去家族化前后的绩效水平变化。另外，通过案例说明家族成员内部与家族后代对家族企业去家族化的影响。

其次，在企业层面研究了影响家族企业去家族化的因素。以家族财富、企业分析师跟踪人数和“掏空”企业等违规行为作为解释变量，以家族企业是否进行去家族化作为被解释变量进行回归，回归结果表明，家族企业分析师跟踪人数对所有家族企业样本的作用与对分样本去家族化家族企业的作用不同。在全样本中，分析师跟踪人数越多，企业越不倾向于去家族化；在去家族化的分样本中，分析师跟踪人数越多，企业越倾向于去家族化。为了进一步检验信息透明度对去家族化的影响，本书将家族企业分为直接上市和间接上市两种情况，分别检验信息透明度对去家族化的影响，结果表明，在直接上市情况下，信息透明度的提升弱化了企业的去家族化行为，说明家族企业将信息透明度视作一种信号，向外界说明家族企业自身的竞争优势；在间接上市情况下，信息透明度的提升加强了企业的去家族化，说明信息透明度的提升抑制了家族成员的控制权私利行为，从而使得家族成员逐渐退出。家族财富对家族企业去家族化的作用同样受到家族企业类型的影响，在直接上市的情况下，家族成员追求企业和家族价值最大化，家族企业财富越多，越不倾向于去家族化；在间接上市的情况下，家族成员追求自身利益最大化，家族财富越多，使得企业可以通过去家族化得到更多的利益，此时家族财富促进了企业的去家族化。企业声誉通过企业的违规行为衡量，当企业存在违规行为时，企业的声誉会受到影响，家族会逐渐退出企业。在信息透明度的影响下，家族的违规行为对企业去家族化的影响更加强烈。由此而言，企业信息透明度、家族财富和企业声誉对不同类型的家族企业的影响各异，企业信息的开放度和市场信息的流动性可以增强企业自身行为对去家族化的影响作用。

再次，从外部因素、行业层面分析了影响家族企业去家族化的因素，使用是否处于高科技行业、行业壁垒、地区市场化进程三个代理变量，考察了行业因素对家族企业去家族化的影响。实证研究发现，企业所处行业的科技含量越高，企业的研发投入就越高，家族企业越不轻易进行去家族化。企业所处的行业壁垒越高，家族企业更易进行去家族化；对分样本的家族企业去家族化的回归结果表明，间接上市的家族企业更容易受到行业壁垒的影响，导致其进行去家族化；而直接上市的家族企业对行业壁垒的变化有一定的适应度，不会轻易进行去家族化。本书还进一步检验了较高行业壁垒和较低行业壁垒对家族企业去家族化的影响，发现处于较高行业壁垒的家族企业对行业壁垒的变化更加敏感，而在较低行业壁垒环境下的家族企业对其变化则比较迟钝。制度环境并不会直接影响企业的去家族化，通过检验地区市场化进程对企业内部因素的交叉及对企业去家族化的影响发现，市场化进程显著影响了内部因素对去家族化的作用。在家族企业直接上市的情况下，市场化进程越快，信息透明度越高，企业越倾向于去家族化；家族财富越多，家族成员越不倾向于退出；当家族企业间接上市时，市场化进程越快，信息透明度越高，家族财富越多，家族企业不会轻易进行去家族化。结论表明，有效提高行业技术含量、降低行业壁垒，有助于家族企业进一步扩大平等发展。研究结果说明，行业因素对家族企业去家族化有显著影响，通过有效提高企业外部环境的公开平等，家族企业的发展也就更加开放。

复次，本书讨论了家族企业去家族化方式对企业绩效的影响，发现不同的去家族化方式对企业绩效水平的作用不同。同时从家族企业上市方式角度出发，验证了不同的去家族化方式对不同类型家族企业的作用，结果表明，引入外部经理的去家族化方式对企业绩效有显著提升效果，而企业转让的去家族化方式对企业绩效没有显著作用。而且，在不同上市类型的家族企业中，吸收外部专业人才对直接上市的家族企业帮助最大，而对于间接上市的家族企业没有显著作用；企业转让在一定程度上促进了直接上市家族企业的绩效水平，对于间接上市的家族企业仍然没有显著影响。通过去家族化的企业与未去家族化企业之间的横向对比发现，企业进行去家族化前，其绩效水平已经显著低于其他家族企业；当企业进行去家族化后，与其他企业的绩效水平差距缩小。进一步针对去家族化的企业进行纵向分析和比较后发现，引入外部经理人可以显著提高企业绩效水平，但企业变更实际控制人（转让或出售）对企业绩效的影响不大。

最后，本书以案例形式分析了家族成员内部之间的和谐与家族后代的意愿、能力等对家族企业去家族化的影响。当家族成员之间和谐共处时，企业健康成长；当产生矛盾时，如何平衡、调整家族与企业的关系是非常重要的。家族企业去家族化为这一矛盾提供了解决的契机。

总体来说，对于不同类型的家族企业，其去家族化的影响因素是不同的。本研究有助于监管部门了解家族企业在市场中的表现以便制定更有效的市场管理政策，同时也为企业主与投资者对企业走向判断提供经验证据。

作者

2022年5月

目录

第1章
引　　言

1.1　问题的提出

无论是发达国家还是发展中国家，以家族企业为代表的私有企业都在国民经济中占据着重要位置。中国作为全球第二大经济体，民营企业在其中发挥着非常重要的作用。家族企业作为民营企业的重要组成部分，是我国社会主义经济不可或缺的支撑力量，也是我国国民经济增长的中流砥柱。

家族企业作为私有企业的主要组成部分，对我国的经济发展有卓越的贡献。在目前的研究中，家族企业的普遍性与合理性也得到了证实。自改革开放以来，家族企业迅速发展，目前多数家族企业的企业主由于年龄等自然原因可能要退出管理，已经到了选择接班人的时候了，此时的家族企业面临转型。有的第一代企业主已经或即将把企业交给下一代，同时也有些家族企业主将企业交由有管理能力的外部人才。同样作为家族企业，为什么企业的传承却不同？

家族企业作为一种公司治理模式，其特点是企业与家族合为一体，控制权在家族内部配置。在企业最初建立时，由于风险和资源短缺，家族成员为创始人提供各类资源，包括资金和人力资本，为企业的诞生提供了物质基础。当企业成长到一定程度时，家族成员对企业的控制产生了阻碍，家族治理的价值会被弱化。由于中国的特殊国情，家族企业发展不过几十年时间，但发展迅速，现在大部分已经完成原始积累，开始考虑接班人等问题。然而，2011 年发布的《中国家族企业发展报告》显示，接近 30% 的企业主表示没有计划让家族后代接手企业，这一比例超过了计划让子女接班的比例。

在欧美等发达国家，家族企业的发展道路大概是以下三种：一些优秀的家族企业逐渐发展为现代企业，由职业经理人进行管理；一些家族企业由家族成员拥有部分企业股权甚至家族从所有权中全身而退，完全脱离企业；也有一些家族企业由家族成员与职业经理人共同经营管理，将企业作为传承下去的事业。

虽然目前我国家族企业首选“子承父业”作为家族企业的交班方式，但在计划生育政策的背景下，这种交接方式的继承人选择范围大大减少了。而且，子女的能力、接班意愿也会影响家族企业的交接效果。当家族企业内部没有合适人选时，从家族外部聘请有能力的职业经理人也是一种选择。

很多家族企业的交接经验表明，企业主自身的观念对企业传承非常重要。创业企业家是将企业视作家族财产还是将企业看作独立的组织，不同的想法会影响家族企业传承的模式。若企业家视家族企业为家族的私有财产，更关注家族获取的控制权私利，则企业家会更加关注家族获得的利益和家族的延续，这种情况下，家族企业会倾向于家族后代继承企业。如果企业家将企业视作独立的科学组织，更重视企业的竞争优势与长远发展，那么企业家会更加关注企业的成长与发展，在选择接班人时会着重考虑继任者的能力而并非家族内部成员。

我国的大部分家族企业存在历史都不长，这与西方家族企业和日本家族企业的寿命长度差距非常大，并因此有了中国家族企业“三代消亡论”的说法。创始人创办企业的初衷都是希望企业能够万年常青，在中国为什么却有着这样的现象和认知？中国家族企业的历史短暂，影响中国家族企业寿命的因素是什么，是其自身的原因还是外部因素？西方家族企业寿命普遍比中国家族企业要长，中国的制度环境对其有怎样的影响？也就是说，家族成员在什么情况下会逐渐放弃对企业的控制？在已有的研究中，对于家族企业去家族化这一动态过程的研究国内几乎没有。

本书通过家族企业相关理论，研究影响家族成员控制企业的内外部因素，分析家族企业去家族化前后的绩效变化，比较全面地阐述了家族企业去家族化的动机、条件及经济后果，拓展了家族企业的研究范围。主要研究问题如下。

基本问题：家族企业去家族化的影响因素与企业绩效。本书以家族企业的发展为切入点，以家族成员对企业控制的动态变化为研究对象，力图通过制度背景和股权结构，将影响家族企业去家族化的因素明晰化，通过管家理论阐述家族企业管理中的问题及其突破要点，进一步说明去家族化对企业绩效的影响，指出不同类型家族企业的未来不同走向并给出相关政策建议。基于理论基础，本书将展开“企业去家族化过程——企业未来发展走向”这一基本问题的研究，以及与此相关的“去家族化的企业内部影响因素”“去家族化的企业外部影响因素”“去家族化前后的企业绩效比较”等问题的探讨。

在具体的研究过程中，本书将基本问题分为以下子问题，并在后面的章节中设计相应的实证检验和案例分析等进行研究。

子问题1：家族企业去家族化的影响因素

自学者开始研究家族企业以来，对于家族企业没有统一的标准进行定义，本书首先定义家族企业，分析企业中家族成员对企业控制的动态变化，通过家族成员控制权的变化，判断家族企业是否进行了去家族化。去家族化的方式能够通过企业的外在表现反映，本书力求通过家族企业不同的行为表现，判断家族企业去家族化的方式与进程，进而发现不同去家族化方式的影响因素。

一般而言，影响事物发展的主要因素有内因和外因。家族成员创立企业之初都希望能够将产业不断地传承下去，创始人将自己看作家族产业的管家。当面临困境时，有些家族企业依然团结一致，毫不放弃，这也是家族企业与其他企业的区别，正是由于“家族”这个标签，家族企业同时具有了双重特性。家族特性与企业特性在企业中的比重不同，使相同的因素会起到不同的作用。

企业内部的微观环境与企业所处的行业环境以及社会环境是相互影响相互作用的，正是这种内外作用的结合，才使得企业行为的研究有了依据和预测性。处于不同行业的企业具备不同的特征，不同的行业环境使得企业的运作方式不同。行业层面的什么因素会影响企业管理层的决策？管理层的决策又如何影响企业的去家族化？

中国有其独特的制度背景与文化传统，从更广泛的层面上看，虽然企业发展的模式遵循一定的理论，但仍然较大程度地受到制度背景与文化传统的影响。中国特有的制度背景如何影响家族企业去家族化的过程？通过何种渠道实现？对去家族化的内部因素有什么样的调节作用？这种作用的经济意义何在？正是该部分的研究内容。

子问题2：家族企业去家族化的经济后果

家族企业由最初的小规模发展到较大规模，家族企业的未来发展方向是什么？家族企业在发展过程中遇到的瓶颈，能否通过减弱家族控制得以突破？家族企业能否通过自身突破发展瓶颈来实现新阶段的成长？家族企业为了实现基业长青应当注意哪些问题？该部分将对此进行深入探讨。

1.2 研究背景与研究意义

根据家族因素与企业因素比重的不同，可将家族企业分为两类：一类是基于管家理论的家族企业，家族成员将自身看作企业的管家，企业是家族需要长期传承的，因此这类家族企业的导向是长期发展，企业管理层的决策均是为了企业更好的未来，本书将该类家族企业称为“竞争优势”家族企业。另一类是基于代理理论的家族企业，虽然是由家族成员控制和管理企业，但企业因素占比较大，与企业长远发展相比，家族成员更看重自身能否获得“控制权私利”，即家族成员能够从企业中获得更多的利益，本书将该类家族企业称为“控制权私利”家族企业。

本书基于以上对家族企业的分类，通过分析家族企业的发展历史，对家族企业的所有权和控制权的变化及其影响因素进行探讨，进而深入检验不同类型家族企业去家族化后的绩效与资本配置效率有何变化。本研究具有以下现实与理论意义。

1.2.1 现实背景与实践价值

从实践角度来说，本书顺应家族企业的发展，从家族企业发展方向着手，分析企业去家族化的过程，研究企业内外部因素对去家族化的影响，探讨企业去家族化前和去家族化后的绩效变化，对企业未来的发展及利益相关者做出决策提供相关依据。

家族企业为满足上市资格，经过了一系列的改造完善，逐步由原来的家族式企业转化为社会企业，由家族式管理发展为现代企业化管理。关于家族企业上市，唐睿明（2012）分析了主要动因：首先，由于国内尚未建立起保护小股东权益的有效机制，家族企业上市存在掠夺小股东收益的可能性；其次，家族企业逐渐建立金字塔式的控制方式，上市公司一般存在于最低端，家族企业上市有利于家族成员控制企业。随着中国经济的不断发展，法治环境逐渐完善，不同的家族企业在上市后经历了不同的发展阶段。家族企业上市以后，不仅获取了大量的资金，同时也受到了证券市场的监督，在收益与监督共同加强的情况下，家族企业是选择满足自身财富全身而退还是积极改善自身的治理结构，提高公司抵抗风险的水平和能力，实现企业的可持续发展？

家族企业在我国的发展势头迅猛，而针对家族企业上市后的相关动态研究还在追寻西方理论界，这与我国的家族企业有其独特性的现状不相符合。对于我国家族企业的研究不能一味照搬西方理论，应结合自身的相关情况进行探讨，为何我国的家族企业“富不过三代”？什么原因影响了家族企业的转型方向？中国特殊的制度背景对企业去家族化的影响机制是什么？去家族化对企业后续的发展有何影响，去家族化后的市场反应如何？无论从转轨经济的国家角度，还是家族企业影响力度来看，这些问题都需要解决。

本研究对处于转型经济且快速发展中的中国家族企业管理实践具有非常重要的现实意义，对面临转型的家族企业如何根据外部环境和自身状况合理地选择未来发展道路具有指导意义，对资本市场中相关的投资者和证券监督机构如何选择投资对象、如何监督提供了有益的建议。

1.2.2 理论背景与学术价值

本书从宏观角度研究了家族企业公司治理和企业管理的动态变化，从微观角度分析了家族企业股权变化历程的客观影响因素，并且利用中国特有的制度环境检验家族企业发展历程中的相关影响因素，对中国家族企业的研究文献进行了补充，增强了家族企业的研究基础。

创始家族建立企业之初，既是企业所有者，又是企业管理者，同时也是经营活动中的直接参与者，这种扁平化的管理设计使得企业对外界市场变化能及时做出反应。随着企业的发展，管理层的专业知识与管理技能变得越来越重要。所以，家族企业的发展不仅需要家族成员提高自身知识水平，而且引进外部职业经理人是不可避免的。与家族成员相比，职业经理人具备丰富的管理技能和相关经验，更加熟悉市场规则与发展趋势，他们的决策更有利于企业提升管理质量和资源配置效率。

企业实际控制权是对契约中未尽事宜的决策权，这种权力的行使需要相关的信息优势和专业技能。随着法律制度的效率越来越高，人们对法律保护下的规范契约的有效性也逐渐有信心，因此家族企业聘请外部的职业经理人管理公司的动机会增强，控制权的去家族化也相对较容易。

股权结构是公司治理的基础，使用契约关系这一基本分析工具，将企业的产权结构、委托代理和激励机制与企业绩效联系起来。合理的股权结构有利于提升企业的经营效率和治理效率，不同股权结构的公司，其治理结构也不相同。通过较高的股权持有比例控制企业，一方面可以使企业具备相应的控制优势，家族股东和非家族股东的利益都会得到最大化。同时，也有研究表明家族持股比例与公司价值正相关。另一方面，控股股东可以通过较高的持股比例获得控制权私利。Grossman 和 Hart（1980）首次提出了控制权私利的概念，指的是有控制权的股东或管理者通过损害小股东的利益，从而达到获取自身利益的目标。在家族企业中，处于控股地位的家族股东为了自身收益会将企业的资产与收益转移，处于发展中市场的家族企业的这种通道效应更加明显。Villalonga 和 Amit（2010）的研究支持了控股股东持股比例与控制权私利的关系。

制度背景对家族企业的未来走向也有重要影响。制度背景由各种详尽的规则和条款组成，个体或组织只有遵守这些规则和条款才能够得到合法性的支持。一般来说，良好的制度环境可以为该地区的经济发展提供有力的支撑和保障，不完善的制度环境可能会阻碍经济的发展。研究发现法律保障较弱的地区股权集中度较高，也有学者提出了自己的质疑，认为对股权集中度的研究应当关注企业层面的影响因素，而不是国家层面的影响因素。

毫无疑问，家族性因素对家族企业的去家族化也有重要影响，家族内部的和谐程度对家族企业的存续有重要影响。在企业发展过程中，企业整体的绩效水平与控股股东之间的私利是有矛盾冲突的，各类内部因素和外部因素相互影响作用，企业绩效、家族股东控制权私利和家族和谐有不同的反映和体现。而且，同样的影响因素下，不同类型的家族企业在企业的转型道路上也会有不同的选择。

通过对家族企业去家族化影响因素的分解，不仅细化丰富了关于家族企业研究的相关文献，促进了学术界对家族企业治理模式选择、企业绩效水平的理解，而且说明了有关理论解释家族企业行为的不同角度与情境。本研究进一步指出了家族企业新的研究方向。

1.3 研究的技术路线和结构安排

1.3.1 研究的技术路线

本研究的技术路线如图 1 – 1 所示。

1.3.2 结构安排

本书共分 10 章，第 1 章为引言，介绍本书的研究背景与意义，研究路线、研究方法、创新点和研究对象的界定与辨析。第 2 章是文献回顾与理论分析，主要对家族企业的公司治理理论、社会情感理论以及家族企业绩效等相关文献进行梳理，并在此基础上进行分析。第 3 章为家族企业成长的制度背景，简要概述了家族企业的兴起与发展，包括其成长的历史背景和发展过程中的制度环境。第 4 章至第 6 章是实证研究部分。第 4 章主要介绍了家族企业去家族化的现状以及家族企业层面对企业去家族化的影响，第 5 章主要探讨了行业层面和制度层面对家族企业去家族化的影响。第 6 章研究分析了家族企业去家族化后的绩效变化情况。第 7 章检验了去家族化

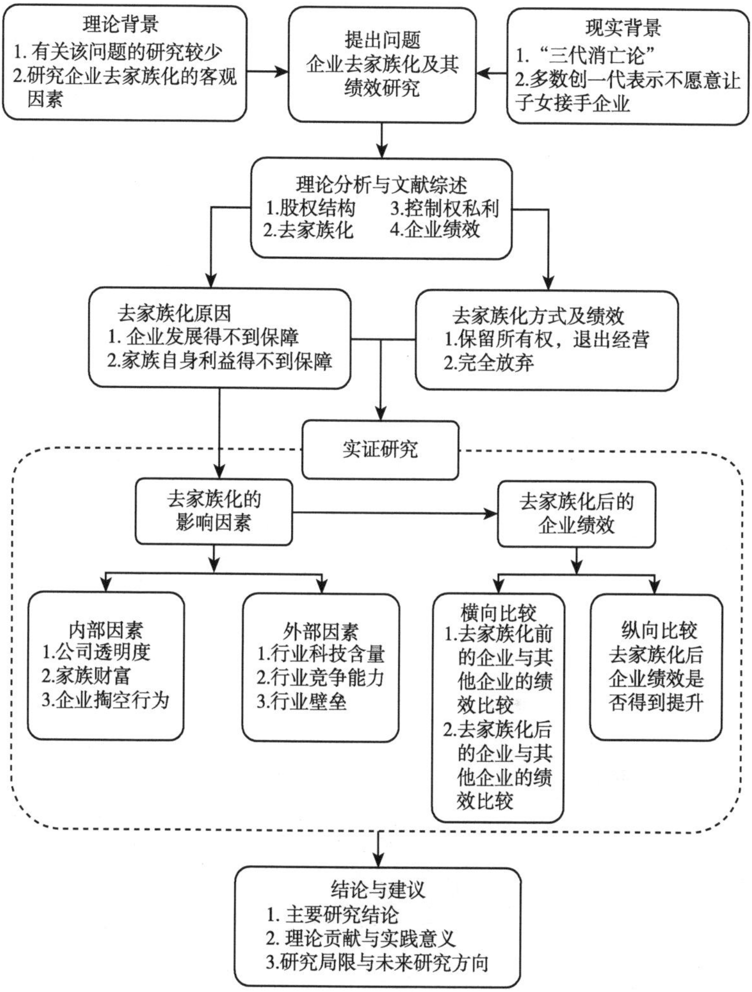

图1-1 研究的技术路线

与企业融资约束之间的关系。第8章分析了去家族化与投资效率之间的关系。第9章为案例分析，通过案例说明家族后代能力与家族成员内部和谐关系对家族企业去家族化的影响。第10章是对本书进行总结，提出研究的不足以及未来研究的方向。

1.3.3 研究方法

本书采用的研究方法主要有以下三类。

（1）规范分析与实证分析相结合。

规范分析和实证分析是现代研究方法的两条主线。规范与实证相辅相成，缺一不可。本研究首先通过梳理家族企业和股权结构的相关理论，概括出家族企业发展的动态过程，弥补以往研究家族企业公司治理的不足，进一步探讨影响家族企业去家族化的内外部因素及其后果。其次，基于中国的制度背景，论证其对去家族化影响因素的叠加作用。最后，分析家族企业去家族化后的经济后果。在论证过程中，运用多种统计分析方法对研究假设进行比较分析，进一步进行实证检验，论证其路径模型的合理性，相互比较结果的可靠性。

（2）多学科交叉分析与比较分析相结合。

本研究建立在新制度经济学对制度环境和公司治理的研究基础之上，利用财务学中的股权结构理论和企业绩效理论，对家族企业公司治理的动态变化过程进行探讨，进而分析家族企业去家族化前后的绩效变化，通过多元统计方法进行比较分析，并给出政策性建议。

（3）制度分析与系统分析相结合。

家族上市公司与普通上市公司的公司治理虽然同属于契约化治理，但两者之间也存在很大的差别。普通上市公司强调两权分离，是一种新的生产关系。而家族上市公司是家族与企业的结合体。我国家族企业的公司治理与西方国家的家族企业公司治理不同，这是由于我国制度体系和文化传统的独特性。如果不结合我国的制度背景对家族企业的发展进行系统性分析，很难对我国家族企业表现出的独特性进行解释。本书首先按照理论分析家族企业发展中面临的机遇和挑战，其次，结合我国的制度背景，分析相关因素对家族企业发展的影响，并探究家族企业未来的发展方向。

1.3.4 可能的创新点

与已有的研究相比，本书可能的创新与贡献主要体现在以下三个方面。

首先，与以往文献不同，本书选择家族企业去家族化作为研究对象。目前国内外对家族企业的研究很多，但对家族企业的动态发展研究较少，本书探讨了家族企业由家族成员治理逐渐转为由外部专业人才治理甚至更换企业实际控制人的过程中，家族企业自身治理以及企业绩效的变化。

其次，本书对家族企业治理进行了进一步的扩展与验证。以往文献是通过股权结构研究股东和管理层的控制权私利，进而研究如何影响企业绩效，本书将该结构看作股东主动调整改变的结果，使其更加适应企业的发展。

最后，本书指出了我国家族企业在制度背景下的不同发展走向。家族企业对自身不同的利益需求导致家族企业不同的发展方向，更加关注企业长期利益和家族后代利益的家族企业会采用部分去家族化的方式持续控制企业，而对自身利益需求较高的家族企业更加关注企业当前的价值以保证家族可以获得较多的经济利益。

第2章 文献回顾与理论分析

改革开放以来，民营企业的崛起与发展在很大程度上促进了中国宏观经济实力的增长和综合实力的提升，而家族企业正是民营企业的重要组成部分。家族企业作为一类重要的经济组织，在社会经济发展中的作用逐渐增强。

2.1 家族企业文献回顾

家族企业是指在企业持续经营期内，以婚姻和血缘关系作为联系，家族成员提供资本来源，企业的所有权和管理权掌握在家族成员手中，并在家族成员之间进行传递的企业。家族企业是家族系统与企业系统的结合，前者向后者投入了多种要素，例如，重要资金、社会资源和人力资源等。在研究家族企业的过程中，家族治理呈现出社会化低和公开化低的特点，使得企业信息不透明，控制权市场对家族企业的约束较小。

2.1.1 家族企业定义

家族企业是社会工商活动中最普遍的企业形态，在世界经济发展过程中，家族企业的地位举足轻重。据统计，以家族为基础经营的企业占据了世界企业的60%以上，并且世界500强中有接近一半的企业是由家族控制或经营的。在研究家族企业之前，有必要对家族企业进行界定。

在家族企业的研究中，还没有统一的定义。目前对家族企业的定义大多是从家族构成、企业起点和家族对企业所有权的角度出发。

最早提出家族定义的学者，Chandler（1987）在其《看得见的手——美国企业的管理革命》一书中对家族企业进行了大量的研究后提到，企业创始人及其家族一直持有家族企业的大部分股权。创始人家族与管理层关系密切，对企业中的经营管理活动保持较高的参与度，甚至直接担任管理层职责。该定义的不足之处在于没有考虑到家族企业发展的不同阶段，也就忽视了家族企业控股权的动态变化。

哈佛大学唐纳利认为，判断一个企业是否家族企业的标准为：（1）企业的继承人为家族成员；（2）重要管理职位（例如，董事长或总经理）的直系亲属在企业中担任高级管理人员；（3）企业利益与家族利益趋于一致；（4）家族成员的行为代表公司；（5）除了财富，家族仍有责任持有该企业的股权；（6）家族成员在企业中具备较高的威信，有一定的影响力；（7）家族企业是家族成员所追求的梦想，并具有将企业传承下去的意愿。这些标准不仅强调了家族的特征，更强调了家族与企业之间的关系。唐纳利对家族企业的定义非常全面，但有些标准无法量化，可行性不够。

家族成员的某种行为必须使企业有独特的行为，才可称之为家族企业。科学哲理中的“方法论的本质主义”认为，要探求术语真实不变的本质含义，因此有研究学者认为仅依赖控制程度无法反映家族控制对企业的影响，应该研究家族成员行为的本质对企业的特殊影响。本质法定义强调了家族成员控制企业的愿景和将企业传承下去的意愿，但该方法从定性层面定义家族企业，在定量层面很难衡量，无法利用客观数据对其证明。

盖尔西克（1998）认为，判断家族企业的标准应该是家族掌握的所有权。从所有权角度来看，有的学者认为家族成员持股要达到60%的企业才可称为家族企业；有的学者认为采用家族成员对企业的控制权比例作为区分家族企业与非家族企业的标准，La Porta等（1999）、Claessens（2000）和Faccio等（2002）分别选取10%、20%、30%和40%的比例作为临界点。

国内也有学者认为家族企业应该强调家族对企业的控制权，主要是家族成员应当掌握企业的控制权，把握企业的经营管理业务。也有学者认为应该强调家族对企业的控股股东地位，并且通过持有企业的所有权对企业进行管理控制。控股家族与企业之间有着紧密的联系，主要表现在家族对企业的控制。这种控制不仅仅是通过股权直接的控制，也可以表现为通过其他方式进行干预，即对企业重大事务的控制。Max Weber（1978）将股东对企业的控制权分为两个方面：实际控制与名义控制，而控股股东很难在企业中事事亲为，只有在关键事务上对企业的决策起重大影响。

我国家族企业虽然发展历史短暂，但发展迅速。作为以公有制为主体的社会主义国家，我国的民营企业占比达到4/5，而民营企业中的家族企业也达到了很高的比例，可见，家族企业是我国企业的中坚力量，也是税收和经济增长的重要支柱。正是由于家族企业的快速发展，我国对家族企业的研究也很丰富。

综上所述，目前学者对家族企业的定义主要分为三类：第一类从广义来看，主要站在所有权的角度，企业不仅为家族所有，而且家族的行为对企业也会有影响；第二类从狭义来看，主要站在管理权的角度，家族成员参与企业的运营管理，可以控制和管理企业的实际运营；第三类在前两类的基础上，增加了一个标准——“子承父业”，即企业不仅由家族管理，而且具有传承下去的特点。

本书根据研究问题及内容，借鉴以往的文献，从家族企业所有权和控制权角度出发，对家族企业定义如下：（1）企业的最终控制人能够追踪到个人或者家族；（2）最终控制人直接或间接地是上市公司第一大股东；（3）企业的董事长或者总经理由家族成员担任。

2.1.2　家族管理者与企业绩效

家族企业成立伊始，创始家族既是所有者，又是管理者，直接参与企业的经营管理。此时家族企业所有权与控制权合一，家族股东担任管理职位，可以使企业对市场变化及时做出反应。这种扁平化的管理层有利于内部信息在企业中流动，可以使企业更快地应对外界的市场变化。有学者发现创始人担任CEO可以为企业带来更具有创造性和价值提升的相关优势，也可以为企业带来社会价值（例如名誉）。有研究证明，由创始人控制的家族企业比非家族企业绩效更好，有更高的价值。Anderson和Reeb（2003）发现家族企业的资产回报率比非家族企业的资产回报率高6.65%，而且市场价值也高10%。

企业创立初期，规模较小，所有权和经营管理权集中于一人，可以简化代理问题，降低代理成本；同时，家族企业内部成员之间更容易通过血缘关系来达成共识，进而降低交易成本。从这种治理结构来看，家族成员股东具备企业所有者和经营者的双重身份，使得其有充足的动力和责任来经营管理企业。

Demsetz和Lehn的研究说明，两权合一使得管理层依照股东意愿经营企业，由此预防外部经理人侵犯股东的利益，从而降低代理成本。而且，家族成员的财富与家族企业紧密相关，因此家族成员更有动机监督管理企业。另外，James（1999）认为家族成员担任管理层可以有更长远的投资目标，投资更加追求效率。另外，管理层持股的企业绩效也更加突出，因此家族成员担任管理层的家族企业绩效水平也很高。同时也有研究表明，家族企业的良好表现在一定程度上说明了家族对企业的有利影响是超过不利影响的。

家族企业最广泛的特点是家族成员对企业内部管理和控制方面的影响作用，尤其是当家族成员担任企业的 CEO 或者其他高级管理职位时。家族成员担任管理职位表明了家族对企业的积极影响，在这种环境下，家族企业的所有者和管理者的目标高度合一，使得家族企业的经营效率会得到更大的提升（Anderson 和 Reeb，2003）。另外，家族成员为了满足其自身在企业中的在职消费等私人利益，也更加愿意将职位提供给家族成员而不是企业外部人员。

中国的多数家族企业仍处于创业期，使得家族企业大多采用家族式管理。目前，我国法律制度尚不完善，契约实施成本较高，同时社会信任程度较低，代理人背叛的代价较高，使得家族内外的人际信任有明显差异，因此家族企业倾向于选择亲属进行企业管理，同时保持对企业关键岗位的控制。家族成员参与管理一方面为企业提供了低成本的稳定的人力资本，另一方面缓解了企业成长过程中的管理能力问题。此时家族企业处于成长早起，对管理专业化的需求还不高。目前我国的资本市场仍有待完善，投资者保护环境逐渐改善，在这种环境下，家族企业反而是比较良好的企业组织形式。

家族企业的另一个特点是家族成员在董事会中占有较大的比例。董事会可以看作是家族企业平衡企业所有者和管理者的一个机制。当家族成员进驻董事会时，家族成员可以通过多种渠道提高与非家族成员的交流并相互信任，从而达到家族成员与非家族成员的平衡发展，家族的股权控制和董事会控制对企业的绩效有显著的正向影响。

家族企业的优势体现在以下三个方面：一是在某种程度上节约代理成本与交易成本。家族企业初创期多数处于劳动密集型的行业，而劳动密集型和基于成本的价格优势使得企业技术管理复杂程度较低；企业规模小，没有专业化的职能分工；企业内部的资源管理比较单一，企业与外部的竞争程度较低，相应的战略管理难度较低，因此家族便可自行管理，不需要外部职业经理人的帮助，家族企业两权合一，同时还可以降低第一类代理成本。由于外部环境的不完善和家族关系合约能够降低企业代理成本，所以家族化治理对企业外部环境的战略行为也是最优反映。

二是具有较高的产权激励效率。产权理论认为，在不同的产权配置下，企业内部的激励机制对企业绩效的影响是不同的，所有的契约都是不完备的，根据不完备契约理论，企业内部与外部都存在着由于关系专用性投资和契约不完备导致的敲竹杠行为，使得企业的专用性投资不足，导致效率损失。为了防止这类损失，关于剩余控制权的配置应事先安排好。企业的控制权是通过财产所有权进行安排的，因此最优的产权安排应该由重要的非人力资本专用性的人掌握企业的控制权。由外部经理人管理的家族企业正好符合这种产权配置，家族企业的去家族化在某种程度上可以提高企业的产权效率。

另外，根据产权理论，家族企业的产权具有较强的激励优势和约束优势。与其他企业相比，家族企业的产权不仅具有排他性，而且家族成员的心理所有权使得其将家族利益与企业利益锁定在一起，这种情况下，家族企业能够较好地解决员工的机会主义行为和专用性激励不足等问题。

三是具有较高的内部资源优势效率。企业是有关资源与能力的动态结合，因此企业的内部知识与能力决定了企业边界。家族成员由于利益一致，使家族成员之间有更高的信任度，并且对企业更加忠诚。当家族企业面临困难时，家族成员作为企业员工会不计报酬地为企业奉献，他们有很高的责任感和积极性经营企业，这使企业的内部效率会更高。家族企业的社会资源不仅有助于降低企业的风险与不确定性，可以有效改善家族企业与外部利益相关者的关系，同时家族企业的社会资源可以通过其他方式吸引企业获得发展所需的更多资源。

家族企业在一定程度上可以看作是向现代企业制度过渡的一个阶段。企业制度指的是企业劳动者与生产资料相结合的形式，包括产权制度、治理制度和管理制度等。因此可将企业分为三种形式：个人所有制、合伙制和公司制，前两种是早期的企业制度，公司制企业则是在前两者的基础上发展演进来的，这样的发展历程是企业进化的必然，随着企业形式不断改变，企业控制权结构也表现出不同的特征。家族企业的发展也不例外，最初创立公司时创始人既是出资者，又是管理者，所有权和控制权均掌握在创始人手中，同时还要承担企业经营时的风险。

随着家族企业规模的扩大，创始人及其家族成员组成的管理团队不一定拥有企业发展所需的全部知识或技能，因此需要引入外部专业人才来提高企业运作效率，这样，家族企业的管理团队逐渐由创始人的家族成员构成转变为由家族成员和职业经理人构成，甚至全部由职业经理人构成。在这个过程中，家族企业的控制权逐渐从创始人及其家族成员手中转移到外部的非家族成员手中，逐渐进行去家族化。

2.1.3 职业经理人与企业绩效

家族对企业的积极干涉使外部有能力的管理人才很难进入企业，同时会引起企业内部非家族成员管理人员的不满，市场对于家族企业频繁雇佣家族成员为管理层也有负向反应。根据代理理论，家族控制性股东对企业事务的控制与影响使他们可以较小的成本获取更大的利益，因此他们有动机消耗企业的资源。Faccio 等（2002）的研究发现，如果没有外部监督，家族控制性股东很容易剥夺中小股东在企业的利益。即使在投资者环境保护强度很高的环境中，中小股东利益受损的情况也是不容小觑。

只有当中小股东有权力限制大股东攫取企业财富时，中小股东的利益才可以得到保障。在家族企业中，家族股东对中小股东的利益侵占说明中小股东在企业内部缺乏可靠的发声机制。董事会则是一个保护中小股东的公司治理机制。董事会中的董事可以分为两部分，一部分是与家族股东有联系或者有潜在联系的董事，另一部分是独立董事。国外有研究表明，独立董事是保护中小股东利益的重要防线，但在中国目前的环境下，独立董事只能保证自身独立，很难为中小股东提供帮助。另外，当家族成员在董事会中的席位超过一定的比例时，就会增强家族成员的机会主义行为。

随着家族企业的发展，家族成员担任企业管理层也逐渐出现问题，即家族成员的能力很可能与企业需要的管理能力不匹配。家族成员的大部分财富在企业中，他们完全有能力确保企业追求的目标与家族的目标吻合，但家族目标与其他股东的目标却可能不一致。家族成员会为了自身利益降低企业的风险或从事非利润最大化的行为，侵占员工或其他投资者的利益。

中国家族企业所处的环境是特殊的转型时期，转型期家族企业的目标是希望通过产权明晰化，在保住家族控制权的同时，能够开放产权达到融资融智的目的（韦革，2009）。也就是说，刚刚建立起的家族企业两权合一，代理成本低，决策反应迅速。但随着企业的发展，家族管理也会出现各种问题。例如，家族成员担任董事长或总经理，有可能将更有天赋和能力的外部专业人才拒之门外。有研究表明，一些规模较小的企业，创始人更倾向于招募本家族的人员，这在一定程度上会导致企业盈利能力的下降。家族企业拥有的资源与能力并不能适应企业的全部经营活动，在某些情况下还可能会成为家族企业发展的障碍。Gomez - Mejia（2001）的研究同样发现，家族成员担任高级管理职位的能力不如外部的职业经理人。由于家族企业的发展和家族成员的能力有限，引入外部专业人才是企业发展所必需的，也是解决企业发展瓶颈的智库。

另外，家族企业发展壮大后的一个问题就是资金来源，使企业不能再维持原有的状态。家族企业最初建立时，企业规模小，通过家族内部融资可以解决相关需求，但随着企业不断发展壮大，企业内部融资的不足便暴露出来。因此迫使家族企业走向资本市场，利用市场平台获得大规模融资，与此同时，企业的股权便会分散，使家族成员对企业的控制力度也会降低。

引入外部管理者也有可能会损害企业利益。企业两权分离会导致管理层并不能代表股东利益，反而会想要通过各种手段摆脱股东的控制，外部人员想要挣脱家族成员对他的控制权。Jensen 和 Meckling（1979）从代理理论角度出发，认为所有权与控制权分开会导致股东与管理层的利益目标不同，使管理者可能为追求自身利益而牺牲股东的利益。管理者很有可能通过在职消费或短期套利等行为实现自身利益最大化，同时损害了公司的利益。

从心理学角度出发，企业的所有权决定了企业的制度，进而决定了经理人的职责范围，而经理人对企业进行经营管理时，会产生心理所有权，从而对自己的利益有所期望。当实际利益低于其自身期望时，管理层就有了较高的侵占倾向。从伦理道德角度出发，家族成员对家族企业都有一种忠诚度和使命感，外来的管理人员是否也有这样的忠诚度和使命感，而正是这种使命感与忠诚度影响了管理层与股东之间的关系。通常来说，家族企业对外部的管理人员信任不足，会使管理层想要摆脱股东的控制。

管理层为摆脱股东的控制，一般采用通过控制董事会的方式，进而影响企业的决策。这一行为在一定程度上会弱化控制性股东对企业的影响。企业内部的管理层通过职责划分通常都互相制约，但这也为管理层之间提供了机会，使其通过合谋形成了内部人控制，进而控制公司，对企业的大股东形成威胁。甚至管理层可以借助外部投资者为企业提供资金的时机，帮助自身争夺控制企业的机会。有研究表明，外部融资会影响家族企业的继承，因为外部的投资者为了降低投资的风险，更倾向于选择职业经理人而非创业的家族成员。而且，企业从外部融资会稀释家族企业控制性股东的股权，削弱家族股东对企业的控制。因此，管理者会选择不同类型的外部投资人帮助自己实现控制企业的目的。

有研究表明，在家族企业中，董事会的独立性可以使企业绩效和公司价值得到提升。独立的和有建设性的董事可以防止企业 CEO 的工资过高，避免决策失误和陈旧的战略部署，而且可以通过对董事会的动态管理限制家族成员的个人影响。

2.1.4　家族企业发展现状

目前，我国家族企业的发展大致具有以下三个特点。首先，家族企业虽然数量很大，但规模较小。根据《中国家族企业发展报告》的调查，中国多数私有企业是由企业主及其家族控制，大样本中家族企业占比约 85.4%。从总体来看，多数家族企业属于小微企业，根据调查，企业所有者权益在 1000 万元以下的家族企业占比约 75.2%，销售额在 1000 万元以下的家族企业占比约 58.4%，员工人数在 100 人以下的家族企业占比近 70%，可见，多数家族企业的规模还没有完全发展起来。

家族企业规模受限的一个原因是企业融资渠道受阻。近年来，我国资本市场逐渐完善，使得家族企业逐渐在规模结构中趋于平衡。中小板、创业板的建立极大地推进了家族企业的成长，境外上市的通道打开了家族企业获取外资资本的大门。资本市场不仅为家族企业提供了融资筹资的平台，也助长了家族上市公司的价值提升。家族企业上市后的财富效应会吸引更多的企业通过上市谋求发展，同时也有很多优秀的家族企业依然远离股市。由于数据及案例的可获得性，本书的研究对象是家族上市公司。

其次，多数家族企业仍属于创业型企业，这也是导致家族企业规模较小的原因之一。同样，很多家族企业在企业年龄和地区分布中表现出与创业活动相关。在发达地区的产业群中，大企业会将部分支持性服务或生产事务外包给家族企业，这样的协作使得市场运行更加有效率。正是由于家族企业大多处于创业阶段或创始人领导阶段，企业背后通常都有家族的支持，所以家族对企业的股权有很强的控制力。

最后，多数家族企业主要集中于劳动密集型行业。由于历史因素和政策环境的影响，中国家族企业的成长途径比较曲折，无法进入一些战略性的行业或者资源性的行业。另外，家族企业在创业的过程中主要依靠家族内部资本的支持，很难获得外部资本的帮助。这就导致企业从事较多依赖自身积累发展的生存路径，劳动密集型的行业很符合家族创业的要求，因此多数家族企业从劳动密集型行业切入，有了一定的资本积累后再转向资本密集型行业或者其他行业。

从家族企业的现状我们可以看出，多数家族企业都是白手起家，历经各种困难，这使企业的创始人有很强烈的事业心与奉献精神，他们对企业有很深的感情，这也是他们创建企业过程中所具有的竞争力。我国家族企业多数诞生于改革开放之后，目前多数企业仍由创业者控制和管理，创业者对企业的心理所有权使其更加重视企业的管理。创业者对企业管理的控制一方面有助于降低其他人在企业中的机会主义行为，另一方面也容易增加企业决策失误的风险，而且企业主过度控制企业可能会阻碍企业内部的“管理革命”。当企业对管理能力的需求超过企业主的能力时，企业主的控制便会成为企业成长的障碍。

家族企业的特征是所有权与控制权的统一，家族成员的利益与企业利益捆绑在一起，家族成员管理在某些程度上为企业节约了代理成本，同时也获得了企业主的管家治理，这使家族企业具有很强的成本控制能力，这些功能在某些条件下具有效率方面的优势。

目前我国较大规模家族企业的产权界定大概有三类：一类是茅氏家族方太集团的“口袋论”，指的是处于同一口袋中的人可以一起经营企业，一起分享收益。这是由茅理翔提出的，他说明自己与妻子，还有儿子同属于一个口袋，彼此不会争夺利益。同时为女儿建立另外一个口袋，目前茅理翔儿子的口袋持有集团股权80%以上，女儿口袋的股权比例为14%，但女儿口袋不可参与企业经营管理（张衍阁、彭水明，2004）。第二类是刘氏兄弟希望集团的“分家论”，指的是家族成员之间各自负责一个领域，彼此互不干扰。刘氏兄弟创立希望集团，目前兄弟四人各自负责企业不同的方面，刘永言从事高科技领域，陈育新负责企业运营，刘永好负责西南区域发展分公司，刘永行负责东北地区。第三类是卢氏兄弟万和集团的“团体论”，即家族成员共同经营管理企业事务，分为“核心控股”与“外部参股”，虽然家族成员各自持股，但是要统一行使股权。目前万和集团的股权结构是四位创始股东总体持股比例为50%，外部投资者与外部经理人持股不足50%。由此可见，万和集团是大家一起治理，实行团体产权。而方太集团与希望集团是将团体产权缩小化，前者是预防家族内部利益冲突，后者是实现家族与企业共赢。

2.1.5　家族企业去家族化

近三十年来，相当大比例的家族企业已经完成了资本的原始积累，发展多年的家族企业也开始考虑权力的转移或继承。家族企业天生偏爱控制权，许多中小企业最初也是由家族经营管理的，当企业逐渐扩大规模并公开上市后，家族依然会保持对企业的控制权。但不是所有的企业都适合家族控制与管理。在企业成长初期，家族成员必然希望其能长久发展并传承下去，企业的持续健康发展需要高成长率为支撑，高成长率可能需要以稀释或放弃控制权为代价。

家族企业将家族与企业结合在一起，企业的发展直接影响到家族财富的增长，因此企业的经济目标是家族成员更加看重的。在企业最初发展阶段，家族成员更容易通过相对集中的股权或金字塔控股方式来实现自身利益的最大化。随着制度环境和市场秩序的完善，当企业发展到某个阶段时，家族成员对企业的控制不利于企业的成长，家族治理的价值会被弱化。家族治理是将家族和企业两个系统的命运联系在一起的纽带，当这两个系统无法重叠时，家族成员就会各自为政，甚至引发内耗。有学者指出，家族化管理在创业阶段卓有成效，但不利于企业的后续发展。

有文献表明，影响家族控制的因素是企业具有的竞争优势或家族成员能够从企业中获得控制权私利，说明家族成员虽希望企业能够万古长青，但仍然是具备经济头脑的理性经济人。当今的社会观念趋于多元化，创始人家族的下一代未必对父辈经营的业务有兴趣，或者没有能力承担家族企业的责任，此时为了企业更好地发展，将企业控制权转让给有能力的人，对企业对家族都是很好的归宿，同时提高了社会资源的配置效率。另外，当家族成员对企业已无特殊贡献，同时也缺乏资金与人才发展企业，将企业出售也是最佳选择。

在家族企业发展初期，家族的完全控制使信息在企业内部传递通畅，有利于企业及时调整。而且周围环境的信任水平和产权保护水平比较低时，家族为了保护财产和发展企业，对企业进行强有力的控制。随着市场化进程的加快，对投资者保护环境的不断提高，家族企业也逐渐地扩大规模及其影响力，此时对企业强有力的控制已经不能适应企业的发展了，企业的控制权亟须一个转变，来保持家族企业能够高速地成长。

在向国际化、集团化和现代化方向的发展过程中，虽然家族企业创立初期背负家族成员期望，家族成员有意将企业经营并传承下去，但家族管理模式越来越暴露出其自身的局限与不足，例如，大股东持股会降低被其他人并购的概率，因此企业的价值会下降；大股东占据管理职位的最大成本是即使他们已经没有能力管理企业，仍然占据着相关职位。这些“瓶颈”阻碍了企业的发展，不利于企业进一步的成长。目前我国的经理人市场不够完善，社会信任关系脆弱，有些家族企业沿用家族化治理；有些家族企业引入了外部专业人员，通过职业经理人管理企业；有的家族甚至退出了企业。

随着企业的不断发展，规模不断扩大，家族企业面临着“资本、企业管理能力、信任广度”的缺口。家族企业在规模较小时具有很浓的家族色彩，通过家族成员间的关系治理具有低代理成本优势，这是基于成员之间的特殊关系。家族成员之间成本与收益互相依赖，彼此具有外部性，这与陌生人之间的关系显著不同。

家族企业是家族与企业的结合，不仅追求企业利益的最大化，同时希望家族能够代际传承实现家业长青。但国内有关调查发现，富人家族的后代中，大约有1/10的子女继承发扬了父母的优良品质；不到5%的企业由于找不到合适的接班人，难以摆脱家族企业较短的命运。在我国，多数家族企业在改革开放之后飞速发展，已有一些企业家准备功成身退，中国家族企业面临换代接班的考验，其中一个问题便是选择家族后代继承还是选择家族外部的人继承。

在中国传统社会的观念中，重要的是家族团结、和谐以及能够延续下去，使得我国家族企业具有凡事以家为重的思想。传统的家族企业中，这种家族主义的想法使家族成员的集体意识很强烈，服从家族权威便是体现之一。在某些方面，家族主义的传统文化对家族企业的运营起到了显著的推进作用，但随着社会的发展，由于各种客观原因，“家族”层面的因素正逐渐失去作用。现代社会中对事物价值的倡导使企业物欲膨胀，家族成员对自身的身份与角色也逐渐发生转变，对自身持有的权利义务的态度也有了变化，使家族凝聚力逐步丧失，家族意识已很难维持家族成员的团结一致。

企业同产品一样，也具有生命周期，有初创期、成长期、成熟期和衰落期。家族企业亦是如此。在家族企业的发展初期，家族成员具有很强的奋斗精神，随着企业的不断成长，家族控制和管理对企业的边际效益逐渐递减，在企业内工作的家族成员受到其自身理性的限制，难以确保其认知与成长与企业的进化发展步伐相一致。在这种情况下，家族成员应当引入专业管理人才，将经营管理权交由职业经理人经营或者完全转型发展。

根据以上分析，家族企业去家族化主要源于以下三个方面。一是融资需要。由于家族企业相对并不透明，一般来说，外部投资者并不愿投资家族企业；同时家族成员担心其他投资会造成自身所有权的稀释，也不愿接受外部人员（如机构投资者）的投资，家族成员参与企业事务管理，与家族成员投资联系密切。家族企业的资金来源比较集中单一，尤其是中小型家族企业，资金主要来源于家族内部，这种长期不会有流动威胁的投资我们称之为耐心财务资本。在家族企业发展初期，参与企业管理的家族成员作为管家，发扬主人翁精神，降低企业内部代理成本。随着企业成长扩大，家族成员能力与企业需要相冲突，致使有些成员退出企业，使与其相关的耐心财务资本也会随之退出。此时家族企业引入外部投资则是必然选择。

二是企业管理能力需要改善。家族企业在创立初期，运营规模较小，企业的经营管理任务比较单一，决策相对容易，因此对企业管理能力的要求也较低。随着企业规模逐渐扩大，业务增多，管理的层次幅度增加，复杂程度增加，家族成员的经验主义决策已不能满足管理的需求，企业发展对专业化人才的需求急剧上升。随着企业继续发展，为了争夺更加有价值的市场，企业开始在内部建立有效机构提升效率；随着企业规模进一步扩大，企业开始寻求技术合作，努力提高技术水平。企业的传承越久，企业家越倾向于采取两权分离的非家族化治理。

三是家族成员之间的信任范围与程度随着企业的发展有了局限性。家族企业创立初期，成员之间的信任关系是基于过去的交往联系，这是基于个人特征的信任模式。当企业规模扩大时，这种基于个人的信任方式不能有效地扩展范围。此时企业需要建立以制度为基础的信任模式，但企业主在某些方面并不能强硬地对家族成员实行制度管理，所以外部管理人员的引进则显得尤为必要。

与大型企业相比，规模较小的企业对外部环境的变化和应对能力有限，很有可能在企业市场价值较高时出售，而不会将企业传给后代。李前兵等（2006）的研究发现，对于中小家族企业而言，采用规范治理的企业绩效要好于采用关系治理的企业绩效。

家族企业由“纯家族企业”逐渐发展到“泛家族企业”，是一个去家族化的过程。在此，我们对企业的去家族化有个界定：一是保留临界点的所有权比例，即保持控制权，同时引入外部经理人；二是放弃控制权，将企业全部转让。随着家族企业转型的完成，家族企业的家族化特征逐渐淡化，企业特征逐渐增强。企业的去家族化是企业发展的必然，反映了社会大生产的本质要求。家族成员与企业之间有很强的情感联系，当家族成员逐渐退出企业管理时，家族成员对企业的依恋和联系会逐渐被弱化，这使家族成员很容易在企业发展欠佳时放弃企业。

虽然家族成员之间具有更稳固可靠的关系，但由于家族成员有限的知识能力和水平，使企业相关知识缺口较大，知识的成本较高。当企业需要引进外部人才时，知识缺口变小，成本变低，相应的代理成本会升高。但人力资本和知识资本对家族企业的贡献比这类代理成本的增加要多得多，因此企业内的正式规章制度与治理会逐渐取代以家族成员为基础的关系契约。

在中国目前的转型期，社会的信用环境有待提升，法治环境尚未完善，家族企业的转型有一定压力。一方面，对专业人才人力资本的需求，使企业要建立相应的亲属退出机制；另一方面，由于信任基础与代理成本的关系，家族企业对于股权和重大决策权则谨慎持有，不会轻易交由他人。可见，在中国家族企业内部，利用规章制度等正式契约与关系契约的互补治理更加普遍。

随着我国市场经济的发展和学者对现代企业的研究，中国的家族企业正在努力去掉企业中的家族色彩。家族企业在褪去家族影响，极力模仿西方现代企业管理制度的同时，如果两类制度的衔接不当，很有可能使企业面临一些问题。随着家族企业的不断发展，重要的是能够将家族元素和现代企业制度有机结合，找到自身的优势，才能持续发展。

2.2 理论基础

2.2.1 企业绩效

企业绩效的概念具有多重性，从不同的视角出发，研究不同的问题，选取的绩效指标也会不同。而且，相关研究对企业绩效的测量选取的指标差异也较大。

目前对企业绩效测量的相关理论主要源于组织理论和战略管理，一是以企业设立的目标进行评价测量的目标法，但该方法由于企业动态的变化和冲突的目标不便于进行企业之间的比较；二是系统法，该方法试图通过多个方面衡量企业绩效，从而对目标法的不足进行弥补；三是综合法，该方法不仅考虑了上述相关因素，还考虑了利益相关者的满意要素。学者通过对三种方式加以整合，对企业绩效的多层次和多方面问题进行了考察，不仅对企业财务绩效进行考核，对企业的非财务绩效也有考察，延伸了企业绩效测量的内涵。

一般来说，测量企业绩效的主要方法是依靠财务指标。就绩效的具体指标而言，绩效的核心是财务指标，反映了企业对自身确立的经济目标实现的不同程度，不同指标的侧重点随着企业发展的阶段不同而不同。对于“婴儿期”的企业，对企业绩效考察应着重于成长性，新创建的企业灵活性高，需要及时发现机会并转化为企业优势，通过高速成长获得企业的立足之地；成长期的企业在追求稳定的增长同时还有利益的追求，应着重考察业务水平的发展和获利水平的提高；处于成熟期的企业，已经具有“应用优势”，不再追求增长，更加看重企业的利润水平。

对企业绩效的测量还包括主观方面和客观方面的考察，前者是通过与其他企业比较或者对自己企业的主观感受，后者是根据财务数据得出的客观绩效指标。与客观测量相比，主观测量主要根据人的评价，而人周围的多种因素会影响评价的准确性。虽然财务数据有时较难获得，但因其具有客观性从而被研究者们采纳。主观测量和客观测量分别有一定的优势与局限性，最好的方法是将两者结合起来。

对于家族企业，家族成员不仅关注企业短时的财务绩效，而且也注重家族成员之间的情感。由于家族成员对社会情感财富的重视，家族企业更偏向于追求长期生存而更加关注企业的长期绩效。

企业绩效是企业对内部资源的配置能力和运用能力的体现，不仅反映企业未来的收益潜力，还具有整体性、持续性和可估计性等特点。因此公司价值能够反映企业的可持续经营能力和其他资源的整体价值。具有较强持续经营能力的企业，其绩效水平更高，企业持续经营能力的高低则取决于企业资源的配置与利用。科斯在《企业的性质》一书中提到，企业资源整体的效率大于各部分效率的组合，才是企业价值的来源。企业作为一个系统，其价值度量是十分复杂的。根据企业不同的属性，企业价值有若干个分类（账面价值、公允价值、内在价值和清算价值），不同的利益相关者对企业的关注点不同。因此，对企业价值评估是在特定时间和特定条件下，运用特定的方法对企业整体价值的估计。本书在绩效研究方面，采用资产报酬率（ROA）和权益报酬率（ROE）作为企业绩效的代理变量。

2.2.2 代理理论

代理关系是指一方委托另一方代理其利益，并代替其行使有关决策权力的相互关系。由于代理双方的利益不同，而且又存在信息的不对称，才使委托代理问题存在。Jensen 和 Meckling（1979）认为，由于代理人不能完全遵循委托人的利益，各方都想使自身利益最大化，因此产生了代理成本。为了控制并减少代理风险，委托人要对代理人进行激励与约束，所以委托代理问题的核心是委托人如何对代理人形成有效的激励约束机制。

古典企业制度中，企业两权合一，所有者和经营者为一人，不存在两者之间的代理问题和代理风险。Jensen 和 Meckling（1979）的研究认为，企业所有权和控制权的分离，对企业有一定的促进效应（规模效应和分工效果），但由于委托人和代理人的利益不一致和信息不对称，则会产生道德风险和逆向选择等问题。委托人为了最大化效用，需要通过订立合同监督代理人。

代理成本分为两类，第一类代理成本，即由企业股东与企业管理者直接的代理问题引发的相关成本；第二类代理成本，是由企业的大股东与中小股东之间由于利益问题引发的相关成本。对于代理理论，家族企业的两权合一被认为是减少第一类代理成本（股东与管理者的代理问题）的解决方案，由于利益趋同会使企业绩效上升；同时，由于家族股东过高的控制水平，又会引发第二类代理问题（大股东与中小股东的代理问题），由于机会主义使管理层通过各种渠道机制，侵占中小股东的权益，使企业绩效下降。

在委托—代理关系中，家族化治理是企业规避代理人风险的一种方式。但代理成本只是从成本的角度说明企业应最小化代理成本，但企业家选择治理模式的最终目的是最大化企业的利益。

代理理论的应用有三个假设：一是指委托人与代理人均为理性经济人的假设，即个人能够选择自身福利最大化的行为；二是信息不对称假设，即代理人所拥有的信息具有更高的价值，由于企业外部人士对企业质量了解较少，所以市场无法区分每个企业的价值；三是道德危机和逆向选择假设，前者是由于代理人隐藏了相关信息，使委托人无法知晓代理人行为是否适当，后者是在信息不对称的前提下，代理人会有非股东利益最大化的行为。

（1）第一类代理成本。

在现代企业制度下，家族企业的主要问题是代理人占用委托人的资源，并利用该资源侵害委托人利益。这便是第一类代理成本。对于第一类代理成本，是由于企业所有者与管理者代理冲突，也就是说，第一类代理问题的核心是企业所有者和管理者之间的利益关系。在企业两权分离的状态下，所有者和管理者的利益目标不一致，代理人处于信息优势的地位，使管理者的行为与所有者利益最大化地发生背离。所有者与管理者之间的利益冲突主要表现在以下三个方面：首先，管理者会产生在职消费，通过公司职位等渠道享受非经济利益；其次，所有者对待风险较为谨慎，而管理者对待风险的态度不同，管理者的某些行为可能会造成所有者和企业的利益损害；最后，企业所有者与管理者的决策眼光不同，家族股东希望企业长久地发展，更倾向于长期决策；由于短期利益对管理者的激励性，企业管理者更关注企业短期效益。

随着市场经济的发展，家族企业逐渐引入外部管理人，由于我国经理人市场发展有待完善，使家族成员和外部经理人员互相防范。职业经理人进入家族企业，很可能根据其所处位置掌握关键信息，形成内部人控制。李新春（2003）发现，家族成员为防止这类现象的发生，在引入外部人才时会特别谨慎，甚至雇用能力与企业不匹配的家族成员。

有学者认为，由家族成员担任企业管理者可以降低第一类代理成本。在家族企业中，管理者可以分为家族管理者和非家族管理者。不同类别管理者之间的代理冲突是不同的。

对于家族所有者和家族管理者之间的代理成本，目前有两种观点，一种观点认为他们之间不存在代理问题，主要原因有以下两个方面：第一，所有者和管理者同属于家族成员，一个家族内部的利益是一致的，因此他们之间的代理冲突可以忽略。而且，家族管理层倾向于作为家族企业的“管家”，置家族利益为首位，不会通过附加消费或低效率配置掠夺家族企业财富。第二，家族成员之间联系紧密，长时间的相处与交流使其彼此之间更容易进行协作，更加便于互相监督和约束，因此有效降低了家族管理者的机会主义行为。同时，家族成员之间存在非正式契约，可以降低彼此之间的信息不对称。

另一种观点认为家族所有者和家族管理者之间同样存在代理问题。Eaton 等（2002）发现当家族成员之间互相具有利他主义并且强度对等时，家族企业中的利他主义会降低企业内部的代理问题。一般情况下，家族企业中的利他主义主要存在于长辈和后代子女中，而且这种利他主义是单向的，这会导致家族企业主过度宠爱子女，“搭便车”行为增加。家族成员作为企业的所有者，以较小的成本甚至不需要成本也可以分享家族企业的利益，不仅使企业很难评价家族成员的工作业绩，而且会隐形地鼓励家族成员类似的某种行为。而且，由于家族成员与企业的特殊关系，为了家族内部的和谐关系很难将低效率的家族成员解雇。

家族所有者与外部管理者的代理成本、家族所有者与家族管理者由于利他主义导致的代理成本，都是家族企业第一类代理成本的来源。随着家族企业的发展，企业规模的扩大，家族成员的能力可能不能胜任管理职位，而且并不是所有的家族成员都能够像创始人一样奉献企业。李欢等（2014）的研究表明，家族成员担任高管对企业价值的提高不如非家族成员担任高管对企业价值提高的程度大。也就是说，虽然家族高管在某些程度上可以降低家族企业的第一类代理成本，但对企业价值的提高影响作用不大。

研究表明，董事会可以担任解决代理问题的重担，而且，在外界因素无法影响的地方，董事会可以担任重要的功能。同时，董事会的功能与董事会的组成有密切关系。外部董事比较独立，能较好地发挥监督的功能，对于降低代理问题能够起到实质性的影响。另外，Demsetz（1983）的研究认为，管理者不一定是企业的大股东，通过将管理者的利益与企业的利益捆绑，管理者极有可能追求企业利益最大化，由此可激励代理人对企业或股东财富价值的追求。

（2）第二类代理成本。

一般认为，家族企业的所有权和控制权合一，所以家族企业的第一类代理成本较低。首先，家族企业中的所有者与管理者多数为家族成员，家族利益趋于一致，减少了企业管理层的机会主义行为。其次，家族成员之间联系密切，信息交流频繁，可以降低双方的信息不对称程度，从而缓解企业的代理问题。但家族企业在缓解第一类代理成本的同时，发生了第二类代理成本，即企业大股东与中小股东之间的利益冲突。目前，很多地区的家族企业仍然是由家族控制企业，掌握企业的所有权和控制权。在没有外部监督的情形下，家族股东表现出掏空企业资源，凸显了大股东与中小股东之间的代理问题。

虽然企业是由家族创立的，但家族利益并不是完全与企业利益一致，家族的自利行为会引发企业的第二类代理成本，容易引起家族企业大股东与外部中小股东的利益冲突。家族股东通过金字塔等结构控制企业，以较小的所有权放大了对企业的控制权，导致两权分离，使家族有机会实施隧道行为。

目前我国多数家族企业依然存在“一股独大”的现象，多数控制权掌握在家族股东手中，家族股东对外部小股东的利益侵占现象仍然比较普遍。由于家族成员对企业控制权的掌握，因此家族可以通过某些渠道攫取“控制权私利”，使企业价值遭受损害。控股股东可能会通过多种方式来最大化自身的利益，比如控制上市企业重组或股权交易等途径。进一步的研究表明，家族企业的两权分离越严重，家族控股股东对中小股东的利益侵占概率和程度也越大。

外部股东由于持股非常分散而无法抵制企业内部股东的价值最

大化行为，内部股东在支配公司资产时通过各种渠道牟取私利，则在内部股东与外部股东之间由于利益冲突形成了代理成本。家族企业内的家族成员通常掌握大量股权，而且能够对企业实施控制，经常为了最大化自身利益而侵吞企业资源掏空企业，对中小股东的利益造成严重伤害。

目前多数企业都是采取金字塔式股权结构，企业中的第二类代理冲突是主要的代理问题。在上市企业的公司治理中，由于中小股东持股比例较少，不能直接参与企业的生产经营，只能将管理权委托给终极控制人代为管理，这使得终极股东有机会通过牺牲他人的利益从而获取自身的利益。有研究表明，金字塔结构内的企业会通过一些方式在最大化家族利益同时损害企业和其他中小股东的利益。Morck 和 Yeung（2003）认为，在金字塔结构顶端的家族企业直接或间接控制上市公司，会加剧家族股东与中小股东之间的利益冲突。

中国的家族企业多数利用多层级结构控制上市公司，通过控制董事会、在管理层中安插家族成员等途径，可以支配多数的资本量，其造成的代理问题也扩散到金字塔结构中的其他公司。正是由于金字塔结构给家族企业带来的利益，家族控制性股东就有动机通过各个层级对上市公司进行控制，通过隧道等途径转移公司现金流，即利用内部交易，将金字塔下层公司收益转移到上层。而且，金字塔上层集团公司也会将质量较差的资产转移到下层，使家族股东与外部股东的利益冲突问题更加突出。

当家族企业中有非家族管理人员时，家族成员获取控制权私利的行为就会受到抑制。因为家族成员对企业不仅有现实的股权持股，同时还有心理所有，家族成员获取的私利可以通过其他方式分享给其他同胞或者作为遗产传给后代，但非家族管理者无法将自身的利益传递给他人。而且，由于家族内外部的信任度较低，家族成员与非家族管理者之间传递或分享利益的纽带就非常脆弱。可见，非家族管理者可以有效降低家族成员的机会主义行为。

由此可见，当家族管理的代理成本较低时，企业应当采用家族管理模式；当家族管理的代理成本较高时，则应当引入外部专业经理人，采用职业经理人管理模式。以往的研究认为家族控制会加剧第二类代理问题，对企业价值有不好的影响。那么反过来说，不是由家族成员控制的家族企业则会缓解第二类代理问题。从中小股东利益角度出发，家族企业去家族化则很好地保护了中小股东利益，并防止了企业被掏空。

2.2.3　管家理论

由于代理理论的假设前提并不是在任何情况下都适用，因此有学者提出新的理论，即管家理论。管家理论从另一个角度假设企业和经济人的行为模式和心理状态。管家理论主要源于社会学和心理学，主要的思想有忠诚、自我价值实现和社会贡献等。

对于代理理论中理性经济人自利的假设，管家理论认为代理人将自己视作企业的管家，则自身利益与企业利益一致，其行为会事前组织好，以集体利益为目标，有秩序地进行。与代理理论中的个人化和自我服务相比，企业管家的行为是不会侵害组织利益的。管家理论与代理理论的适用范围有不一致的地方。如果委托人与代理人之间没有利益冲突，则企业没有代理问题也没有代理损失。正是因为代理问题的存在，企业才会采用各种机制预防减少相关损失，当企业没有利益冲突时，代理理论的某些推论将不成立（陈燕辉，2013）。

管家理论的一个假设是企业的成功与委托人的满意度是有强烈相关关系的，所以管家的行为具有集体导向，通过提升企业绩效从而最大化股东财富。根据管家理论，管理者与企业股东的利益是一致的，当两者利益出现不一致时，管理者会尽力解决与股东之间的不协调，确保企业的生存与发展。当公司的治理结构给予管理者较高的决策权时，管理者身为企业的管家，以企业未来为出发点进行决策制定，因此不用畏惧其他董事的反对。

在管家理论框架下，合作对于管理者来说意义更加重要，因为在此过程中管家会获得更高的价值和效用。管家能够了解到个人与组织需要间的关系，相信以企业为目标的工作才能使个人获得满足。因此管家的行为直接与企业相关而非个人目标。

企业的管理者作为企业的管家，与代理理论中描述的自私自利和自我服务不同，在管家理论的背景下，经理人以组织利益最大化作为目标，对企业和所有者足够忠诚，他们具有专业化的组织技能和集体精神，这使他们有能力为企业更好地服务。当企业中家族成员普遍具有血缘关系时，作为家族的一个成员，管理者的行为更加符合管家理论。因此在家族企业中，企业的所有者和管理者的目标高度一致，而且管理者以管家的身份，更是自动地追求企业利益最大化。在这种背景下，只要企业的管理者是家族成员，其便会具有管家的行为。

管家理论认为，家族成员担任高级管理职位可以为企业带来外部人员没有的可靠资源和技巧。与代理理论相比，管家理论认为企业的管理者追求的是组织价值而不是个人利益。在家族企业中，家族 CEO 或管理者将企业看作是自身价值的延伸，因此高度认同自身与企业的利益合一，这使他们更加注重企业的健康发展。家族 CEO 有更大的动机提升企业的利益，而且比非家族企业需要更少的薪酬激励，使家族 CEO 比外部 CEO 更加有效率、有价值。

另外，创始人作为企业的 CEO 或者管理者，凭借自身的企业家精神可以为企业带来开创性的局面，这是外部专业人才所没有的。家族管理对企业的积极作用，可以使家族在社会中有更好的声誉，反过来更加促使家族成员对企业管理的正向作用，更加追逐企业的利益最大化。

根据管家理论，当企业给予管理者较高的管理权和决策权时，企业的高级管理人员具有更先进的组织行动力，更加专注地规划和执行战略。家族管理者作为企业的管家，他们对企业的发展甚至企业的命运都责无旁贷。董事会的主要作用是监督和支持管理层，当具有专业能力的家族成员进入董事会后，他们可以为企业提供更具有方向性的建议，对企业的良好发展提供支持，这些方面都更大程度地提升了企业的业绩。家族控制尤其是家族积极性地涉入事务，对企业的绩效有显著的正向作用。

当家族企业处于危机冲击下，家族股东的行为与正常经营情况下的行为有所不同，他们会尽力帮助企业摆脱困境、提升绩效，表现出“管家”作风。家族成员的管家意识对企业绩效的提升有强烈的正向影响。主要是因为：一方面，家族股东在外界危机冲击下，其控制权受到威胁，甚至截断了家族股东获取控制权私利的渠道。在面临外界危机时，家族股东会放弃短期利益而寻找维持企业生存。当企业绩效改善后，家族股东可获得的控制权私利和共享收益也会随之升高，这使家族成员介入公司治理、实施管家行为的动机更加强烈。例如，亚洲金融危机期间，家族股东虽然面临巨大风险和成本，但由于股东是企业绩效最大受益人，仍然在危机情况下积极改善企业经营状况。而且，基于代理理论和资源基础理论，证明了家族企业大股东对企业的支撑作用。

另一方面，由于家族股东与管理层之间的代理问题受到外界冲击而进一步恶化，使家族股东不得不表现出管家状态帮助企业渡过难关。为了解决企业危机带来的代理风险，家族股东会更加关注和监督管理者的行为，或者参与企业决策行为以获得相关经营管理信息。家族成员的管家角色越明显，家族利益与企业利益捆绑得越密切。

在家族企业受到外部冲击之时，家族成员希望能够保全家族利益退出企业，但由于外部环境的萧条使家族股东难以有效快速地退出。家族股东拥有企业多少股权，集中的股权使股东的股权流动性较低。对企业业绩或公司治理有意见时，与大股东不同，中小股东可以及时抛售股票。因此，为了使外界冲击对企业造成的损失最小，家族大股东将利用其自身资源支撑企业，履行管家职责。

管家理论可以解释家族企业某个阶段的行为，例如，创业阶段。在家族企业创业期，创始人及其家族将企业看作自身的事业，将企业的利益置于自身利益至上，此时家族成员完全是企业的管家，兢兢业业管理企业，企业发展得越好，家族利益也就越好。随着企业的不断发展，企业的经营目标与家族利益目标逐渐有了分离，使得有些家族成员不能够完全追求企业价值最大化。Villalonga 和 Amit（2006）的研究表明，只有创始人担任董事长或 CEO 的情况下，企业价值是最高的。可见，管家理论在家族企业中的应用有其局限性，并不是所有家族成员在任何时候都具有管家的觉悟与能力，当家族成员不再胜任管家的角色时，对企业来说寻找新的管家无疑是最重要的。

2.2.4 资源基础观

基于资源基础观理论，在外部环境中，家族企业缺乏金融和人力资本，这些资源可以通过付出较低的成本利用家族成员弥补不足。

根据 Barney（1991）的研究，资源基础观理论分析了企业资源的性质、特征、潜力，其最重要的思想是企业内部的资源与能力具有异质性，能够形成企业的竞争优势，并且企业能够通过这类竞争优势获得回报。有学者认为，资源基础观理论有助于检验创业、企业增长和企业失利等问题。企业的独特能力是企业优势的来源，是企业开发部署相关资源的根据。家族企业的资源主要源于家族内部，现在逐渐向外部扩展，根据资源基础观理论，内部资源禀赋与利用能够帮助企业实现价值最大化。

资源基础观有助于我们理解并发展家族企业理论。通过资源基础观理论，我们可以识别家族企业中以家族为基础的具有竞争力的资源，探讨企业家精神对家族企业组织文化的影响，分析家族对家族企业战略的影响以及该影响对家族企业管理实践的作用，同时，资源基础观理论研究了家族企业中高级管理者之间的协同效应。

在家族企业中，家族与企业的影响互相渗透，资源基础观中的“独特性”也就是家族企业中的“家族性”，即企业中家族与企业之间的相互作用形成的优势与能力。家族性已经成为一个广泛的概念，甚至变成了家族企业的代名词，但并不是所有的家族企业都具有家族性。家族性的概念不断被明确，已经成为了家族企业研究中的一个重要分支。有研究表明，家族性是家族企业取得可持续优势的源头，同时家族企业的不同环境和资源配置，使家族性对企业的影响也具有双面性。突出的家族性使企业获得优势，收缩的家族性使企业处于劣势，只有当企业家族性的积极方面超过负面方面，企业才会产生竞争优势。

无论家族企业处于何种发展阶段，金融资源都占据着重要位置。有学者认为家族企业对财务资本具有特殊的耐心，这也会使家族企业获得竞争优势。根据资源基础观理论，家族企业通过家族成员获取独特的资源，形成特有的竞争优势，尤其是当经济不景气时，家族成员为企业提供了大量的资产与财务资源。

资源基础观将企业中复杂的、无形的和动态的资源剥离出来，家族企业中独特的资源来源便是家族涉入带来的资源集合。家族特有资源是具有变化性的，因此会对家族企业有积极或消极的影响。家族企业在发展的不同阶段，对资源的管理利用都有不同的要求。有研究表明，由于家族成员在企业中的裙带关系，使处于亲缘网络中的家族成员更容易被选拔为管理者，类似这样的行为对企业造成了不好的影响，导致家族外部成员的心理不公平感，不利于家族企业的发展。

从资源基础观角度出发，不同类型的家族成员对企业的绩效贡献也各不相同。与家族后代继承者相比，创始人作为 CEO 可以为企业提供很多资源，形成家族企业的独特优势，例如，对企业发展传承的责任感、丰富的社会知识和社交网络。这些专有资产很难传承给家族后代，从这个角度来看，家族后代一般只能继承企业的标准化资产或资源。

企业的竞争优势是家族性的独特资源，这些资源对企业的作用难以替代，竞争对手很难模仿，因此对企业而言，这些资源的价值性很高。家族资源对企业而言有四类划分：财务资源、物质资源、人力资源和组织资源。由于家族成员对企业的涉入不同，使四类家族资源各不相同，资源之间的相互影响或相互作用可以形成新的家族独特资源。家族因素能否成为企业的竞争优势，取决于家族企业的组织结构，家族企业如何制定决策以及企业的外部环境。

家族因素的资源优势具有产出、投入两方面。一方面，家族因素形成的独特家族资源是家族与企业的互动结果；另一方面，家族资源与企业外部的经济环境结合，可以形成新的竞争优势。有研究表明，家族成员的经验可以为企业带来位势资源，家族成员的权力可以帮助企业获取更多的财务资本，家族企业文化可以带来企业愿景、共享价值等资源，而这些家族资源则可以产生知识或技能等功能资源。

根据资源基础观理论，知识产权也是企业竞争优势来源之一。原因有三：第一，知识产权可以为企业提供技术领导优势；第二，知识产权可以保护企业品牌；第三，知识产权的形成有助于形成行业标准。

企业的持续创新与改进促进家族企业发展，只有具备企业家精神、革新精神的家族企业才能够可持续发展。可见，家族成员不仅是企业的投资者，更是企业经营活动的参与者。

资源基础观认为，企业获得持续竞争优势和高额回报率的前提是企业具备相关的能力和资源。基于资源基础观的竞争优势关键在于企业资源的选择和构建能力机制。该资源理论并没有局限在相关产品或市场层面，而是关注企业内部的资源，并利用这些资源的组成与性质解释分析企业的优胜劣汰等现象。

资源基础观认为企业需要具备两个条件才能够获得持续竞争优势：一是企业战略只有企业本身可以实施，其他企业无法或者滞后实施；二是企业战略差异较大且保密性好，不易被模仿。只有如此，企业的竞争优势才能够体现出来，因此企业可以更好地持续经营下去。在新的产业结构下，以往的价值优势可能变为劣势，同时企业也会创造出新的优势。在分析企业竞争优势时，并不是所有的资源都能够创造价值，资源基础观下的竞争优势资源有两个假设：一是资源的异质性，二是资源的不完全流动性。企业的持续竞争优势与其竞争者的能力差异相关，通过能力差异与企业的无形资源以及竞争优势结合起来，可构建企业竞争优势的模型框架。

2.2.5　利他主义

在信息不对称的情况下，家族企业内部会出现“搭便车”的行为，其中一个现象就是家族控制人的后代利用父母的宠爱和庇护减少工作。在家族内部，家族成员的利益目标各有差别，由此可见，家族内部也存在利益冲突。利他主义则是这类冲突的原因。

利他主义是“利己主义”的对立面，理性经济人假设中的“利己主义”是累积财富的动力。有经济学家认为，行为主体为了提高自身的效用，在追求他人利益的过程中同时不放弃追求自身的利益，这样的利他主义本质上也是自私的。家族成员作为人，同样是理性经济人，父母对子女后代的宠爱与帮助不仅是对子女的疼爱，同时也有利于父母自身。

利他主义可以视作家族企业与其他企业区别的重要特征。家族企业在创立初期，有很多不确定因素，家族成员之间的利他主义对于企业非常有效，有助于对家族股东与家族经理人之间的信任度培养，可以促进家族成员对企业做出成长期承诺，因此增加了家族企业的竞争优势。Davis 等（1997）认为利他主义使家族经理人尽职尽责，像“管家”一样对待企业，此时企业内部代理成本较低，其他外部激励对企业而言是多余的。Becker（1971）的研究指出，利他主义虽然在市场中缺乏效率，但在家族企业却是有效配置。利他主义减少企业管理的层级，提高了企业决策质量，提升了企业决策效率。利他主义使家族成员互相体谅和激励，产生自我激励机制。

Becker（1971）的研究认为，虽然利他主义在市场中失效，但家族成员却可以在企业中发挥作用。在利他主义的驱动下，家族成员互相帮助体谅，共同维护家族利益，促进家族企业成长发展。当家族成员将利他主义带入企业中，家族成员之间的非正式契约可以增强双方之间的信任度，加强家族成员对企业的忠诚度，从而降低成员彼此间的信息不对称，进而降低企业的代理成本。家族成员之间的利他主义有助于企业的隐性知识在成员之间流动，有助于相关资源向成员后代传承，有助于企业的发展与继承。Stark 和 Falk（1998）从风险角度分析了利他主义对家族企业控制权私利的作用，使家族成员更加关注企业的长期目标。

但在某些情况下利他主义会产生逆向激励，因为有时家族企业主的效用部分取决于家族后代。有研究表明，当利他主义过多，具有负面效应时，家族企业的代理问题更加严重。首先，由于家族企业中利他主义的单向性，企业主对子女后代的关照疼爱会有增无减，增加了子女被宠坏的可能性，同时也增加了管理层“搭便车”的可能性；其次，由于家族企业中的利他主义，对于非家族成员的管理者会有“不公平”的感受，这将导致非家族成员的管理者寻求机会主义；最后，由于利他主义的存在，家族企业主在个体利益和整体利益之间徘徊，会限制其作出不理性的选择。而且，家族企业主有可能会利用企业资源进行转移支付。因此，由于利他主义的不对称性，不仅不能产生正面效应，还会使家族企业内部的代理问题更加严重，主要体现在以下方面。

利他主义使家族企业主逐渐产生“自我控制”问题。家族企业在创立初期，家族利益与企业利益基本一致，随着家族企业的发展壮大，两者目标有所分离，家族更加追求自身利益最大化，并更注重成员之间的和谐，企业则更加注重追求效率和公司价值，但在统一组织中很难满足两个不重合的目标，企业主处于家族系统和企业系统中，其行为在两者之间摇摆，有时会决策紊乱。有时家族企业主由于利他主义为了家族利益会牺牲企业利益。

由于信息不对称，使企业效率下降，而对称的利他主义可以有效减缓这种现象。利他主义激发家族企业成员对企业资源进行转移支付，家族成员即使不全部拥有企业，也认为自己是企业的创建者而拥有企业，当企业发展壮大以后，家族成员即便不努力工作也会获得收益。另外，由于利他主义，家族成员之间并不愿制定基于绩效的合约。为了维护家族内部和谐，即使有家族成员不能胜任其职位也不会被解雇，使其他非家族的职业经理人感受到不公平因而会加重他们的在职消费等行为。

另外，利他主义还会引起家族经理人和非家族经理人的机会主义行为。对于家族经理人而言，企业的利他主义越明显，则家族成员对企业的心理所有权也就越多，使家族成员更倾向于不努力工作也要分享企业的劳动成果。而且，利他主义在隐形中保护了家族成员，可能会加剧某些家族成员的“搭便车”行为，但这导致了其他企业员工的不公平。对于非家族管理者而言，可以采用其他方式弥补自身的利益损失，例如，在职消费，这无形中增加了企业的代理成本。此外，利他主义还会降低非家族管理者对企业的忠诚度和归属感，提高家族企业聘用外部专业人才的成本。

在利他主义的背景下，家族企业主愿花费更多时间在管理职位上，延误了家族企业传承的最佳时机，产生了“阻碍效应”并损害了企业绩效。由于中国的传统文化，家族强调“和谐”和“家和万事兴”，家族企业的创始人则更加关注家族成员的财富与精神继承，为家族成员后代做好准备，使得权力能够平稳交接。家族企业主安排子女在关键岗位锻炼、为子女配备辅助人员并携带子女参加社会公众活动，都是家族企业内利他主义的表现。

利他主义对于家族企业的影响在不同阶段是不同的。当家族企业处于不稳定的初创期时，家族成员之间的利他主义能够快速有效地集结家族资源，可以有效地为企业服务。当企业发展到某个阶段并且具备相关的竞争力时，利他主义导致的代理成本增加会抵消甚至超过其带来的利益，阻碍了企业继续向前发展。苏启林等（2003）的研究发现，当企业发展得较为成熟时，公司价值的提升主要依靠专业化的管理，此时利他主义对企业则是负面作用较大。国内的研究学者顾海英（2004）同样认为利他主义是一把“双刃剑”，引起的代理问题是家族企业无法“长大”的本质原因。

由于利他主义的存在，家族企业内部的代理成本较高，尤其是存在于家族股东与家族管理者之间，这导致了企业价值的下降，甚至阻碍了企业发展。为了家族企业员工都能更好地为企业服务，企业应当利用合理的机制减少甚至消除利他主义的负面效应。家族企业去家族化在一定程度上减少了家族成员在企业中的机会主义行为，有助于降低企业内部家族成员之间的代理问题，在某种程度上提高了企业价值。

2.2.6 社会情感财富理论

Kahneman 和 Tversky（1979）的研究认为，一般情况下，家族股东的行为是财富最大化，但不同的情景对家族成员的决策有不同的影响。Gomez－Mejia（2007）的研究提出了社会情感财富，通过行为理论解释家族企业的行为，开辟了家族企业问题研究的新思路。家族股东除了追求以利益为主的经济目标，同时也追求家族成员之间感情等其他目标，例如，社会情感财富。社会情感财富理论的含义是“企业所提供的，为满足家族需要的非财务方面的财富”。社会情感财富源于更早的代理理论，是整合了预期理论和公司行为理论的综合框架。社会情感财富理论认为，家族企业为了保护企业的社会财富愿意接受绩效的风险，但不会选择同时影响企业绩效与企业社会财富的行为。保持家族对企业的控制，维持企业不断地传承给家族成员后代是家族企业社会情感财富的重要表现。

家族成员会根据企业的社会情感禀赋做出决策，当家族的社会情感受到威胁时，家族成员会出现不理性行为，为了保存家族而将企业置于低效率甚至危险境地。家族企业不仅存在经济目标，同时也存在非经济目标，而家族成员对家族企业的涉入即家族企业不同于非家族企业的独特的非经济目标，称为社会情感财富，简称SEW。Gomez - Mejia 等学者认为，SEW 包括保持家族控制、优待家族内部成员、保持企业内外部的紧密联系等。

该理论出现后，也有相应的实证研究进行了佐证。家族成员为了保证企业的独立性而拒绝外部的财务支持。Jones 等（2008）研究发现家族企业倾向于安排家族成员担任董事长或 CEO 与保持企业社会情感也有关联性。Cruz 等（2010）发现家族企业倾向于向包含家族成员在内的管理层给予较高的福利，这虽然会损害企业绩效，但有利于保持企业的社会情感财富。

家族企业对社会情感的独特目标追求，不仅影响企业绩效，同时对企业各方面的战略选择也有很大影响，如投融资、多元化和创新行为（Gomez - Mejia，2011）。

有研究表明，家族企业的绩效困境对社会情感财富有影响，同时也影响了企业、经理人的行为。Cennamo 等（2012）的研究分析了社会情感财富对利益相关者的影响，表明家族成员为建立和保持社会情感财富更加关注和考虑家族成员的需求并倾向于给予关怀。

当家族企业面临外部危机时，由于家族成员对企业的情感关系依托，使家族股东帮助企业而采取冒险行动，在企业面临困境时进行支撑。家族企业是家族与企业的双重结合，对于家族成员来说，企业是其工作和情感投入的双重结合体，家族与企业“同甘共苦”便是其情感意识的表现，社会情感财富是家族股东决策的根据。

Gomez－Mejia 等（2007）的研究表明，家族股东通过对企业的所有权和控制权获得的“情感禀赋”，是家族企业社会情感财富的重要组成部分，主要体现在家族声誉的建立、家族在企业内权威地位和身份的维护、企业在家族成员中的延续等。家族企业社会情感财富的前提是家族成员能够控制企业，当企业面临外界危机和控制权丧失的情况下，家族成员维护社会情感财富的认知增强，维护家族成员的身份和家族声誉则尤为重要。众多经验表明，家族所有者十分重视企业的社会情感财富，有心理学家对 300 多家家族企业进行研究，结果表明，家族企业所有者将家族的情感需求置于首位。

家族企业不仅是家族成员工作的场所，更是家族的延伸，在家族生活和工作中具有重要的地位。家族企业初建时，为了家族成员的生计和企业的经济性，家族成员进入企业工作，家族对企业的依赖性增强，家族的社会情感财富也逐渐增强。社会情感财富有多个维度：家族对企业的控制影响、对企业的认可、企业的社会关系、家族成员对企业的情感寄托和家族成员的传承意愿。家族企业社会情感财富的前提是家族成员涉入。一方面，家族成员涉入企业使家族成员获得影响企业决策的合法权利，则家族成员能够通过另外的渠道获得社会情感财富，例如，将能力不足的家族成员委以重任，虽不利于企业绩效的提升，但却能够增加家族成员的社会情感财富。另一方面，家族成员涉入企业的范围越广、层次越深，家族对企业的依赖程度越高。家族成员的持股比例和家族控制使家族成员有“企业是自己的”观念，更加重视自身的家族身份，使企业成为家族成员的重要部分。

家族传承作为社会情感财富的一个维度，说明家族希望能够将企业传承给后代。对家族股东而言，企业不仅是一项资产，同时还意味着家族向下传承的依托，说明企业会更加倾向于长期投资以延续下去。由于家族企业的这种意愿，家族企业更倾向于长期投资而不是关注短期绩效，能够与其他利益相关者保持良好沟通，为企业积累声誉等社会资本。

2.3　文献综述与本章小结

本章就国内外家族企业治理及其相关绩效的相关文献进行了回顾与梳理。

首先，国内外学者对家族企业的研究已经有了一个较完善的体系，研究内容逐步深入，研究方法也逐渐细化。仅仅是家族企业的定义，就经历了由所有权、控制权再到企业传承的演化过程。家族企业的管理也分为家族成员的管理和非家族成员的管理，前者两权合一，不仅降低了第一类代理成本，外部人侵占企业利益的机会，同时在企业建立初期有助于企业更好更快地成长。非家族成员管理家族企业，虽然在某种程度上增加了第二类代理成本，但非家族成员的加入弥补了家族成员的知识和能力水平缺口，解决了企业发展过程中的“瓶颈”。从家族企业的发展现状可以看出，家族成员管理与非家族成员管理对家族企业的成长具有重要意义。目前文献较多地研究两者之间的对比，试图得出家族企业治理模式的最优解，但家族企业的建立发展是受多种因素影响的，因此家族企业是否去家族化应该根据企业的自身情况判断。

其次，国外的家族企业历史较长，对家族企业的研究相对较多，但是我国的家族企业真正起步发展较晚，对其研究也逐渐深入，就家族企业治理模式是否对企业发展有利有不一样的声音。我国家族企业的寿命较短，通常被认为“富不过三代”，但随着市场经济的逐渐完善，家族企业的治理在逐步完善，家族企业也逐渐向现代企业制度靠拢，有的引入职业经理人管理企业，有的根据发展需要将企业出售或转让。因此，我们不能对家族企业模式简单下结论，应该考察家族企业的动态变化及其影响。

最后，很少有文献研究家族企业去家族化的影响因素及其变化后的绩效，当前西方企业治理模式对我国企业的冲击很大，在我国特殊的制度背景下家族企业是否一直保持家族控制的状态？家族企业的未来走向有何不同？这些都成为亟待研究的问题。

基于上述现状与问题，本书将在我国制度背景下，分析家族企业的不同走向与家族企业去家族化过程中的影响因素，并探究其转型前后的绩效水平，希望能够充实我国家族企业的研究。

第 3 章

家族企业发展与制度环境

中国家族企业的历史源远流长，家庭是社会结构中最基本的组成单位，不仅在封建社会中充当基本的经济活动角色，在当代社会中也发挥着巨大作用。由于历史的各种因素，现代意义的家族企业在中国改革开放以后才正式出现。中国四十多年的经济发展，以家族企业为主的民营企业是我国经济高速发展必不可少的内在动力。

制度环境是由各种条件和规则塑造的，个体和组织必须规范自己的行为，遵守相应的标准才能够具有合法性，从而获得支持。具体而言，制度环境是国家或地区制度的发展现状。从广义来讲，制度环境不仅包括法律、金融等有体系的制度建设，还包括非正式的制度背景。

3.1　家族企业发展历程

（1）明清时期。

很多研究认为我国的家族企业起源于改革开放以后，其实在明清时期，家族企业就已经存在了，虽然企业的形式有所不同，但考察企业与社会关系的变迁，了解家族企业的发展历史，对探究当代家族企业的发展有着重要的意义。

明清时期的商人群体，由于地理位置的限制，多数以“帮”的形式存在，实际上，多数商帮都是以家族为单位组织商号、商铺，逐渐形成以家族为中心的关系网络。就整体经济体制而言，明清时期仍然是以农业经济为主，农业处于主要位置，政府处于管制地位，但政府在经济政策方面较为宽松，而且明清两朝的经济环境与政策导向具有很多相似性，使得当时的产业环境较为稳定。因此，这一时期，商人的活动得到了空前的发展，商品经济经历了高峰式的发展时期，出现了票号、钱庄等金融组织。

我国自古以来就有“重农抑末”的经济思想，但这种思想也在逐渐发生变化，北宋时已有观点“士农工商，此四者皆百姓之本业”。明中后期，出现了“四民异业而同道”的思潮，甚至出现了“弃儒从商”。这样的思想转变并不是偶然的，明初采取了一系列有利于商人的税收政策；至清朝，政府对商业经济的态度进一步宽松化；晚清兴起各项商务运动浪潮，更加鼓励了商业经济的发展。

在法律方面，尽管历史上相对缺乏对商业活动的保护，但在清朝，中央政府和地方政府都有相关指令保护商人的利益，对于侵害商人利益的事件，政府也是明令禁止。除了政府层面的制度保护，随着远程贸易的兴起，商人自身在经济活动中也有很大的进展，例如，前面提到的钱庄等金融组织。

明清时期的社会环境仍然处于较强管制性的体制下，商人群体的发展却说明制度环境较以往有所改善。可见，商业经济的发展不仅取决于所处的制度环境，还取决于商人团体在相关制度背景中衍生出的自我产权保护机制。在这个阶段，商人群体虽然获取了丰厚的利益，但他们都没有获取对自身企业的产权保护，也没有对商业活动群体实现良好的秩序维持，最后不免成为封建统治阶级的附庸。可见，明清时期，商人与政治的关系虽然发生很多变化，但始终脱离不了“企业产权”与“维护秩序”。

（2）近代。

19 世纪中后期，中国遭受了来自外部的连续打击，原先闭关锁国的政策被迫打破，被动地进入了全球化资本主义和工业革命的浪潮中。几次连续对外的战争失利迫使国家打开国门，使得各类通商的机器与货物不断涌入国内，更先进的生产方式与思想也逐渐渗透到中国的各个角落。与此同时，国内积压的社会矛盾也开始凸显，导致了不安定的社会动荡产生，其中影响最广泛规模最大的太平天国运动不仅对当时的社会有巨大的震撼作用，而且对中国的经济也造成了巨大的破坏。

当时中国遭受的内外部双重打击，严重冲击了社会经济的发展和家族组织形式的变革。一方面是新型资本主义的逐渐兴起，使传统的农业社会生产方式逐步瓦解，特别是在通商较早的地区。因此大量的人才脱离了农业生产或追求封建仕途的道路，投身于工商行业中，例如，较早发展的钱庄等行业，是中国最早的储备人才单位。家族中对后代的培养也逐渐向商业方面做准备，会将年龄较小的成员送入商号学习。另一方面体现在各类人才向商业中心的汇聚。由于新型资本主义带来的生产方式转变，使一些人要在长时间内离开家乡，去新兴的商业中心工作生活。在陌生的领域和地域中，来自同一地区的同族人之间更能产生亲密的联系。因此在当时的资本主义生产方式中，传统的家族组织会以另外的形式将家族人员聚集在一起，在社会中适应新的角色和身份。

社会经济受到冲击后，当时的体制、政策默许官僚在一定范围内开办企业，历史上的“洋务运动”反映了当时政府迫切利用西方技术武装自己的心情，由于其他原因，洋务运动并没有大力地推动中国经济的发展，但极大地开放了人的思想。国家并不热衷对经济项目进行投资与扶持，地方官员利用自身的社会资源建立由私人控制经营的企业，进而带动越来越多的具有冒险精神与先进理念的人兴办企业，并将家族成员带入企业当中，由此我国近代社会最早的家族企业形成了。

当时国际形势动荡不安，中国也陷入到军阀割据的状态，在这样的背景下，我国家族企业自发性地呈现出繁荣的发展状况。一方面，民族资本突破了传统的手工业，向工业和服务业方向发展；另一方面，由于外部金融体系和信用体系的不健全，家族在金融和人力资本方面的优势起到了重要作用。当时，由家族企业主导的工业化运动发展更为强劲，目的便是满足市场需求与扩大利润，长江中下游等富庶地区兴起大量中小企业。在这个时期，家族企业的规模逐渐扩大，业务不断扩展，积累了可观的财富，在中国近代经济发展中发挥了非常重要的作用。

外界环境的不稳定、法律制度的缺失、金融体系的不完善，也使这一时期的家族企业在发展中遇到新的问题与挑战。第一次世界大战以后，国际商品价格的上升导致通货膨胀，使各国工业生产萎缩，倒闭企业增加。当时中国农业生产也遭受了严重的自然灾害，家族企业在双重压力下，或将企业抵押，或将企业出让给外资。国民政府时期，各地商会被取缔，一些行会组织被要求重新整合，商人只能接受政府的安排，银行为了政治和经济利益也逐渐向政府靠拢，因此很多家族企业被迫向政府势力低头，生存空间与自主空间受到很大挤压，而且要花费很大精力与代价处理企业与政府的关系。

在近代历史中，从家族企业一开始的顺利发展，到后来受到政府经济政策的影响，最终在动荡的环境中夹缝成长，并没有迎来理想的发展机会。

（3）新中国成立以后，改革开放之前。

改革开放前，我国农村实行的是生产队式的生产结构，同一家族的兄弟家庭往往分属不同的生产队，这些由人民公社领导的生产队淡化了家族观念，一定程度上压制了家庭的经济生产功能，抑制了家庭的直接生产作用。这一时期，家庭的生产功能被逐渐瓦解，而人才、技术和知识等资源是建立在家庭基础之上的。

新中国成立后，国民经济尚未恢复，一些规模较大的家族企业向外搬迁，同时，家族企业还要面对更多的政治冲击，1951 年，政务院颁布的《企业中公股公产清理办法》对国家的投资进行了规定。在国有化的环境中，政府管制强烈，私营企业不敢放开经营，其生存空间狭小，并且受到国有企业的挤占。在 20 世纪 60 年代和 70 年代，受“左倾”思想的影响，私有企业的生存环境更加艰难。

与此同时，国家向重工业倾斜，重工业优先发展的战略使经济资源向重工业靠拢，而轻工业的资源供给又受到人为的限制，使家族企业没有合适的领域发展。

当时政府并没有采取强有力的措施保护私有经济的财富和产权，私有经济业主只能凭借其对政治的敏感度，如履薄冰地进行商业活动。其实企业主并没有强烈的政治诉求，只是不断计算有利于企业发展的有效路径和家族利益可以维持多久。倘若维持企业产权稳定所付出的成本超过企业利益或者承受范围，企业主可能会终止企业的生存或者将其移至海外。

（4）改革开放以后。

改革开放以后，我国逐渐由计划经济向市场经济转变，私有经济终于获得了生存空间。目前我国的家族企业发展与政治演进的关系紧密，制度环境的改革，使家族企业可以占据一席之地。

私有经济以家庭为基础，随着劳动生产率的提高和分配制度的改革，以“家庭小作坊”为基础的私有企业开始发展。虽然私有企业遭受过具有政治化的清理，发展路程坎坷，法律地位摇摆不定，但伴随着改革开放的逐渐深入，家族私有企业逐渐得到了法律的认可和社会的承认。1992 年，党的十四大确定了社会主义市场经济的改革发展目标，提高了以家族为核心的私营经济的法律地位。随着时间的推移，个体私营经济从体制外的边缘行走，走到了体制内生存发展，无论是法律层面还是社会层面，均为家族企业提供了坚强的后盾。目前家族企业在我国上市公司中的占比已接近50%，是我国经济发展的重要力量。

虽然家族企业得到快速发展，但各地区民间资本在基础领域的投资比重依然很低。从行业角度来看，家族企业主要集中在制造业领域，该领域中家族企业投资的比重侧重于资源密集型和劳动密集型，例如，食品、服装等。对于技术密集型的行业，例如，汽车产业、大型装备制造业等，家族企业也由很少涉及发展至有所涉及。这说明国家政策正在进一步宽松，但在有些方面，例如，优惠政策、融资条件等，以家族企业为代表的民营企业不能与国有企业相抗衡。

改革开放以后，很多优秀的家族企业通过上市获得了融资。证券市场最初的定位是服务于国有企业，使其筹集到更多资金进行体制改革，所以最初的证券市场几乎全部是国有企业，家族企业一直被边缘化。在我国证券市场发展的早期，由于受市场经济或其他因素制约，直到1992年，我国第一家家族上市公司“深圳华源”才正式进入证券市场。随着证券市场的逐步开放，监管部门对有关上市政策宽松了很多，使家族企业通过IPO或者买壳上市等成为可能。但国家相关政策依然向国有企业倾斜，对家族企业实施“总量控制”等管理政策，家族企业上市仍会受到股权性质等方面的限制，导致家族企业在上市公司中的占比较低。

随着市场经济的不断发展，国家对家族企业的政策不断放宽，家族企业的上市数量显著增加。中小企业板和创业板的建立，进一步增加了家族企业上市的机会，出现了家族企业上市的高峰期。

我国家族企业上市主要有以下两个方面的特征：首先，上市途径多样化。家族企业可以选择在国内上市，也可以选择在海外上市。在国内上市主要通过直接公开上市（IPO）、买壳上市、管理层收购（MBO）等方式。在海外上市的家族企业多数选择在香港证券市场上市，有关的数据表明，在海外上市的企业中，家族企业占比将近 90%。这说明在经济全球化的环境下，我国家族企业的目光更加长远，在寻求更广阔的发展空间。

其次，在我国的上市企业中，家族企业的绩效优于非家族企业，主要是因为家族企业的产权更加明晰，创始人更具有管理能力且精明能干，企业主营业务发展良好。这与我国的家族企业发展历史较短有较大关系，在家族企业发展早期，主要由创始人管理，创始人的能力与责任心使企业发展更加良好。目前有些家族企业已经将企业交由家族第二代管理，但普遍来看，家族第二代的管理不如第一代。

3.2　制度背景与家族企业内部特征的变化

家族企业由家族和企业两种属性互相叠加，因此既具有家族属性，也具有企业属性，在不同环境、不同行业、不同时点的家族企业，其属性的侧重点不同，企业的发展也会不同。

企业生存的动力在于人们利益最大化的观念。企业的创立是人们为了直接或间接地谋求利益，但由于信息不完全，使利益最大化只能是预期利益最大化。对于家族企业而言，利益不仅包括企业利益，还包括家族利益，而家族利益又有经济利益和非经济利益之分。对于家族企业的这些功能，家族成员必须对企业进行相应的制度安排。

我国传统观念重视家族存续，形成了以家本位为主的社会价值取向，因此更加倾向于提高家族企业利益。传统文化中的家族观念，使家族企业重视依赖家庭、亲情，家族利益和声誉远高于其他目标，因此在家族企业的形成过程中，逐渐建立了家族利益最大化的核心目标。另外，“光宗耀祖”等思想观念，又使家族企业非常注重企业声誉等非经济目标。家族成员可以通过所持股份从而获得声誉，或者通过控制企业生产经营所获取“潜在享受”等方面得到非经济利益。在自由竞争市场中，家族企业的非经济目标会被企业的经济目标所抑制。一般来说，当家族成员放弃企业控制权后，家族企业的经济利益可以通过家族企业的开放从而获得外部利益进行补偿，而家族企业的非经济利益却无法通过开放得到补偿。因此，家族成员尽可能地控制企业，不仅掌握企业的所有权，还会控制企业的经营管理。

家族企业在创立初期，规模较小，技术活动相对简单，相应的管理职能需求也不高，而且家族企业的创始人管理能力较强，因此对外部的职业经理人需求度也不高。随着市场竞争强度的增加，发展迅速的民营企业与原先具有相对技术优势和更多政府支持的国有企业相比，面临的行政壁垒还是较高，这使民营企业在较长的时间内规模扩张会受到限制。由于企业规模较小，企业发展时间短，主要依靠技术转移等方式使企业技术管理复杂程度低，此时企业的创始人完全有能力治理企业，在这种情况下，家族企业的两权合一是一种符合企业自身条件的合理制度安排。

有关现代市场经济所需的正式制度正在不断建立和完善，与之相适应的非正式制度也需要形成和推广。我国公民的法律意识、契约精神和平等竞争观念还有待提高，这使我国整个社会的信任体系很不完备。

企业规模逐渐扩张，进入或退出市场的选择是一个长期缓慢的过程。随着政策的不断放松，家族企业在高新产业中占据的比重越来越大，企业对研发活动的投资也会逐渐增多，企业的技术活动也逐渐复杂，企业对内部管理职能的要求也越来越高，引入外部经理人是必经之路。

我国的经理人市场信息透明度低，经理人信息与企业信息分布不对等，经理人的相关重要信息主要集中在其自身，企业的内部信息（如组织结构、财务状况和经营风险等）也没有公开的途径向经理人市场披露，使双方缺乏沟通渠道，严重影响了经理人市场与企业之间的双重选择。

经理人市场中较低的信息透明度与规范性主要源于我国的“低文本文化”。该文化更加看重血缘、感情等关系，成员之间沟通缺乏规范和约束。正是这种非正式的制度环境使信息传播没有效率。

由于经理人市场信息透明度和规范性较低，使我国市场中企业与经理人之间具有严重的信息不对称，主要表现在：签订契约前的信息不对称，契约履行过程中互相的信任程度不对称，事后交易的产出不对称。这严重影响了家族企业引入外部经理人的行为，一方面，企业需要耗费大量的成本甄别信息并进行判断，付出较大的耐心与信心选择合适的经理人，这使交易时间无形延长，并且影响了经理人的市场定价，进而影响了双方交易的成功概率。另一方面，经理人与企业在交易时都受到很多因素的影响，在信息不对称的环境中，家族企业很可能因为成本问题会做出不合适的选择，而经理人也会因为信息缺失而失去相应的机会。

在社会信任较脆弱的环境中，企业与经理人之间会存在严重的信任问题，经理人容易缺失道德，没有契约精神，进入企业后有了控制权，很有可能会转移企业的财富。在家族企业中，家族成员为了保持对企业的控制，不会立刻对相关人才委以重任，直到发现其可以维护家族成员或其他股东的利益，才会让其成为企业所有者之一。而且，随着市场自由竞争的逐渐加剧，企业内部管理与资源也会出现相应的变化，由于企业组织的扩张和管理职能的分工具体化，家族企业的管理复杂程度也会逐渐增加，而创始人精力的衰退和知识的贫乏，迫使其放弃对企业的经营。

随着企业规模的扩大，管理模式的深化，企业不仅需要资金，还需要人力资本。职业经理人的出现就是市场追求效率和社会分工细化的响应。职业经理人的工作业绩与企业兴衰紧密相关，但其价值的判断标准却比普通产品具有更大的不确定性。为了更好地评判经理人的价值从而进行经理人配置，经理人市场的有效运行就很必要。

家族企业中另一个情况是，当家族企业逐渐发展成熟时，一些企业中会出现父母大权在握，子女与父母一起工作的情形。此时，父母与子女的交流合作至关重要，如果家庭内部有矛盾冲突，家族所有权分离的可能性就会增加。我国第一代家族企业正好处于中国计划生育政策实施期间，多数家庭只有一个孩子，一方面父母对孩子过于疼爱，使子女并没有得到历练，不具有接替企业的能力；另一方面由于家族后代子女较少，家族企业主对接班人的选择也相对有限，增加了企业去家族化的可能性。

企业外部市场环境日新月异，而企业也有树立较好信誉的愿望，为了保持企业的活力与优势，企业会出台相关的激励政策，例如股票期权等，会使家族持有的股权比例进一步下降。

随着企业产品生命期的推进，原有的产品即将退市，企业为了保持增长会试图通过外部并购等方式维持企业的经营状态，或者为了生存采用横向并购方式，或者为了利润和效率进行纵向并购。当企业能够进入新的阶段运作，并且有足够的实力时，可以回购股票以保证家族对企业的控制；如果企业的管理层实力雄厚，很有可能出现管理层掠夺家族成员的股份，使家族企业逐渐成为股权分散的公众化企业。

我国正在建立以科学技术为核心，利用知识信息生产和消费的经济。随着市场竞争的加剧，企业越来越依靠专业人力资本。企业的技术创新人才应当处于企业的中心位置，而不仅仅是雇佣对象，他们应该通过剩余索取权的分配获取自身应得的利益，利用分配控制权进行相互制约。

随着我国资本市场制度的逐渐完善，上市公司的管理制度也在变革，市场中的信息流动逐渐增强，经理人市场与企业之间的沟通渠道也在完善，双方能够更好地选择，这也促进了家族企业去家族化的进程。

3.3　制度背景与家族企业外部环境的变革

企业外部环境制度也就是宏观层面的制度，对所有企业都具有约束力。外部的正式制度主要包括法律制度和国家政策，其中最重要的是市场制度和产权保护制度，而外部非正式制度主要包括社会主流的文化和亚文化，以及主流意识形态。外部正式制度可以反映出企业所处的硬件环境，而非正式制度则反映出企业所处环境的价值取向。

改革开放之前，政府通过国有企业将生产资源配置给重工业部门（林毅夫等，1997），这使经济资源主要集中在重工业部门，同时轻工业部门的生产资源受到限制。改革开放以来，民间的生产资料积极进入轻工业领域，特别是 20 世纪 90 年代以后，民营企业有了广阔的发展空间，其规模迅速扩张，数量快速增加，而这些民营企业中绝大多数都是家族企业。但是，民营经济的产业结构并没有在根本上发生改变。从工业的内部结构来看，以家族企业为主的民营投资主要集中在传统制造业领域，例如，资源密集型和劳动密集型行业，很少在技术密集的行业发展。主要原因是某些行业的政策性壁垒和民营资本的投资受限，使家族企业在这些领域的能力发展进一步弱化。中国家族企业的规模扩张受到了限制。

目前我国家族企业显现出的浓厚家族特性与转型时期的制度结构有关。虽然当前社会经济是市场经济，非公有制经济作为重要组成部分，但由计划经济转变来的某些问题依然需要更好地解决，例如，行业的政策性壁垒、社会资源的有效分配。虽然家族企业与其他民营企业之间存在较大的差异，但在外部环境中，家族企业作为民营企业的重要组成部分，说明问题更具有普遍性。

家族企业成立晚，在中国的产业环境中，家族企业在市场竞争中的特点是作为行业中的后进企业，不断赶超已在位的国有企业甚至其他外资企业。在成熟的产业环境中，新企业进入行业依靠的是新产品的出现和新技术的提升，新企业在进入行业前，已经掌握了较高的技术水平，进入行业后，能够提供与现有产品区别较大的新型产品，并依靠新产品占领市场份额。但中国的产业环境和行业形势并不属于成熟的市场，因此，中国的民营企业在进入新行业的过程中与成熟市场具有显著的不同。主要原因在于，民营企业主要依靠具有较低成本的价格优势，其产品价格与边际成本很接近。而且，民营企业经常利用“价格差战”或“广告轮回战”等不成熟的方式进行竞争，但在中国目前的环境下，这些商业行为恰恰是民营企业灵活应对的体现。因为当新企业进入市场时，消费者对于市场上现有的产品已经形成了消费习惯，民营企业不可能也没有能力投入巨大的资源开发新产品，只能以较低成本从外部引入相对落后但与企业自身能力相结合的技术和生产设备。

以家族企业为众的民营企业之所以能够以低成本的优势获得技术等生产知识，源于以下三个原因：一是所处行业多数是低技术密集型的，因此行业进入壁垒较低；二是国有企业内在的制度缺陷，加速了技术知识向民营企业的转移；三是家族企业规模较小，其自身的灵活性可以充分把握各种机会来获取技术。

国家的产业政策与家族企业的自身优势决定其所处的行业。由于家族企业在高科技行业中没有相应的政策优势，而且家族企业在资金来源方面也受到各方面的限制，因此，尽管家族企业具有天然的长期眼光，但与非家族企业尤其是国有企业相比，家族企业的研发强度依然处于较弱的状态。在高科技行业中，产品的科技含量较高，需要企业以较高的研发投资作为支撑，这是家族企业初期以技术转移所获得的相关技术不能匹敌的。家族企业唯有打开企业的家族大门，吸收新的人才和资金，甚至改变相关战略，才能使企业立于不败之地。

家族企业的制度效率与其自身的技术成本，在家族企业成立的初期是优势，使企业更加灵活地把握市场机会，及时做出改变。随着企业的发展，家族管理的边际效益越来越小，初期的技术成本不能再为产品提供价格方面的优势，而企业的去家族化可以为企业提供新的成长空间，使企业更好更快地发展。

中国市场环境的发展使家族企业的比较优势有两种：一是劳动力成本优势，二是制度效率优势。家族企业的产业进入方式主要体现在基于低廉成本的价格优势。制度效率的优势则表现在同样的资本、生产材料要素价格的条件下，中低技术更容易与民营资本相结合。中国的产业市场发展具有“后发”的特点，即市场开始形成时，主导设计已经存在，则新进入的企业没有必要投入巨大的人力、物力开发新产品，而以较低的成本引进相对落后但与自身能力相符的技术和设备则是理性选择。因此，技术引进降低了企业的进入壁垒，大量家族企业进入则成为中国经济发展的一个特征。

产业政策和行业技术条件使中国家族企业的战略与成熟市场的企业不同。主要体现在家族企业的行业分布中，家族企业与其他民营企业，其自身的优势决定了其主要分布于劳动密集型的行业。一般来说，劳动密集型的产业和基于成本价格优势的企业，技术管理复杂程度低；企业规模小，整体的管理复杂程度也低，使企业内部资源管理与外部竞争战略管理程度都较低，因此家族企业对外部职业经理人的需求也较低，这样的家族企业更倾向于两权合一的家族式管理。当企业处于技术密集型的行业中时，技术管理和企业管理程度逐渐复杂，家族式管理已不能满足企业发展的需求，企业应当及时转型，通过现代企业管理制度促进企业的成长。所以，企业所处的行业对家族企业的治理模式选择有重要的影响。

在中国特定的社会背景中，家族企业的成长与社会环境息息相关，社会金融资本，例如股权融资，会引起企业内部的股权结构变化；社会人力资本会影响企业内部管理职位的配置，在一定程度上影响了企业控制权的分配问题；社会网络资本和社会文化资本在一定程度上会影响企业文化等意识形态。所以，在社会资本中，能够对企业内部产生影响的外部因素主要是社会金融资本和社会人力资本。

金融市场的环境影响了企业的融资模式，进而影响了企业的治理结构。受国家政策的影响，家族企业等民营企业很长时间几乎得不到银行的贷款支持，随着企业的壮大和融资环境的变化，银行借贷给民营企业的份额也在逐步上升。

除了银行信贷市场，股票市场对家族企业的治理结构也有深刻影响。家族企业有的是通过 IPO 直接上市，有的则是通过 MBO 或“借壳上市”等间接方式上市。而且，由于国内 A 股市场的要求很多很高，很多企业选择了境外融资进行上市。但股票市场为企业提供的融资数额依然不如银行借贷提供的多，据统计，银行贷款的总量大约是证券市场融资数量的 75 倍。另外，虽然外部融资可以增强企业的资金能力，但家族成员依然保持对企业的控制。当外部资本进入家族控制的企业时，家族成员面临控制权将被稀释，因此家族成员有时为了保留其控制企业的权力，会放弃一些有助于企业成长的资本或合作。根据 2011 年中国企业家调查系统统计，银行借贷依然是很多企业的最佳融资路径。

出于经济维稳和产业结构调整的需求，国家对企业有浓厚且强势的宏观经济政策。一般而言，这些产业政策具有明显的导向色彩，给不同行业提供了不一样的发展环境。在宏观经济政策的影响下，不同行业的企业面临不同的投资机会，进而选择不同的发展道路。另外，宏观经济政策还会影响企业的融资机会，在政策利好的产业中，企业可以获得信贷或者税收等方面的政策支持，使其能够缓解企业的融资约束。可见，宏观的经济政策不仅影响企业的生存环境，而且对企业的内部治理问题也有深刻作用。

3.4 制度背景对家族企业去家族化的影响

3.4.1 制度背景与引入外部经理人

当制度环境较好时，即使家族成员没有进行监督，法律也会保障家族企业获得的收益以及家族企业的私有产权。在这种情况下，引入外部职业管理人是最好的选择。当制度环境适中时，则需要企业管理者的监督弥补法律保护的脆弱，这种监督行为需要家族成员有相应的所有权或控制权才能够对企业施加影响。此时家族后代与职业经理人的潜在影响是决定家族企业传承给谁的重要因素。当制度环境较弱时，法律不能保护家族企业取得的收益，家族成员需要付出很大的成本才可以保护家族利益，此时选择家族成员管理企业才可以保障企业和家族的财富。可见，在不同的制度环境下，家族企业的发展有不同的结果。家族企业体现出的“家族”或“企业”属性，主要取决于家族企业所处的外部制度环境。

产权经济学认为制度对契约结构有重要影响，企业外部的制度环境影响了企业契约的签订，并且对企业的交易行为或投融资等行为也有重大作用。随着我国市场化改革的不断演进，制度对投资者和产权的保护也逐渐增强，政府也不断地向“服务型”转变，监管部门也越来越独立。在外部环境趋于完善的过程中，家族企业的内部治理也将逐渐开放、完善。

我国目前的治理环境尚未完善，家族企业代理问题严重而且很普遍，在外部市场环境不成熟的情况下，家族企业将经营管理权交给外部职业经理人存在很大的风险。而且企业所处的外在环境，市场和法律缺乏相应的约束力，社会信任的机会成本很高。在这种背景下，能够承担风险和不确定性的企业家精神会对家族企业产生正向影响，鼓励企业在兼顾经理人利益和公司利益的情况下解决代理问题。

中国家族企业自成立起，虽然一直在私有产权保护不足，政府干预并控制资源等背景下艰难行进，却也达到了趋利避害、获得了合法的政治地位的目的。2010 年的一项调查显示，受访样本中的 39.8% 的企业主是中共党员，而且绝大部分企业主出任了县级以上的政协委员。通过政治路径找到企业发展的有效轨道，是我国家族企业对制度环境的对策。

创业板建立以来，以高新产业为主的企业有了融资平台，其中多数为家族企业。各领域不断放松的政策是民营企业进入的必要条件，但这些企业能够在高新产业环境中生存发展，还需要企业内部制度的安排。进入高科技产业，企业必须满足产业所要求的技术，这些必需的高技术要求企业进行较高的资本投入，而且，高技术转化为技术能力更是企业自身长期实践的结果。对于家族企业来讲，获得新技术的来源要么是企业自主的研发成果，要么是从外部引进技术。

在家族企业早期的发展过程中，家族企业的自身状况决定了其生产技术的获得只能依靠技术转移。一方面，与成熟市场中的企业相比，民营企业具有劳动力成本优势，而家族企业由于家族性的关系劳动力成本更加低廉。另一方面，以家族企业为代表的民营企业，自创建以后对技术知识的需求度很高，使相关技术进入家族企业壁垒很低，而且国有企业对技术的重视、激励不足，更增大了技术向民营企业转移的概率，同时由于民营企业的规模较小，因此可以灵活地以低成本方式获得相关技术。目前国家鼓励企业自主创新，不仅增强了行业的科技含量，企业的创新能力也进一步被激发。

3.4.2 制度背景与企业转让

政府控制企业进而承担社会目标的动因逐渐在减弱，私有经济的发展程度逐渐在深化，产品要素市场的竞争程度也逐渐加深，这使市场中的信息流动也越来越充分，信息也越来越透明。有研究表明，制度环境越好的地方，市场化程度也越高，政府可以更好地发挥治理作用，而且，机构投资和媒体对企业的治理作用也更加有效。市场化水平是社会中经济、法律乃至政治体制的综合指标，我国的市场化改革虽已取得很大成功，但由于地理位置及相关政策的不同，各地区的治理环境有显著差异。

过去几年中，我国的市场化进程速度减缓，民营企业通过中国经济参与国际经济分工的机会飞速发展。民营企业的快速成长与市场环境的经济体制之间的摩擦也越来越大，但这种摩擦在宽松的国际化经济形势下被弱化了，因此一些家族企业仍然选择以家族化的方式经营下去。在金融危机的环境下，政府投资再一次成为推动经济发展的主力，在这种情况下，家族企业持续发展的稳定性受到威胁，家族企业实施去家族化的进程也会加快。

国家相关政策压缩了私有经济的空间，制度环境对私有产权的限制也约束了私有产权的权利实现，这增加了私有产权被侵犯的机会。在这样的环境下，家族企业财富的安全受到严重影响，增加了去家族化的可能性。市场调配资源的作用同样影响企业私有产权的保障，只有通过有效率的市场环境，各类企业公平地获得资源，才能够确保私有企业的财富与权利不被侵害。家族成员对外界制度环境的感应在一定程度上影响了家族企业的发展方向。家族成员最清楚在当前制度下是否有能力控制企业和延续家族梦想，当他们意识到制度环境很难保证家族企业的产权和财富时，就会选择退出。

在政府控制市场资源的过程中，国有企业与私营企业从银行获得的信贷资金比例与其经济贡献不对等，朱沆等（2012）的研究发现，私营企业必须付出较高的成本才能获取企业需要的相关资源。某些国有企业或地方政府能够以较小的成本取得私营企业的股份或者分红，这对私营企业有严重的弱化影响。因此，在政府对经济的干预较强的情况下，私有企业获得资源及利益的机会降低，从而家族成员对企业持续发展的信心就会减弱。

中国的改革开放是在中国特有的制度背景和文化环境下开展的，以政府退出和市场扩张为主题，使微观企业组织有其独特的组织模式和战略决策。有研究表明，有效的制度环境可以促进企业的创新活动，对创新行为给予激励和回报，可以提升家族企业在困境中的创新动力，提高家族企业的长期投资导向。家族企业与非家族企业的区别在于战略决策中的导向，长期导向是家族企业的重要特征。具有长期经营理念的家族企业，会以企业物质价值和社会情感财富最大化为目标，采取长期策略，例如创新或改革。国外也有学者研究表明，中国家族企业在产权保护制度较弱的情况下，政府的干预限制了中国家族企业的跨代发展。

制度环境除了影响企业的创新活动外，还会影响企业的融资行为。陈建林的研究表明，家族企业不同的家族控制形式对企业债务融资的影响也不同，家族管理下的家族企业债务融资较少，而且这个现象在制度环境较好的地区越强。该研究表明，可以通过弱化家族的管理投入和加强职业化的管理，为家族企业获得更多的债务融资。

研究表明，与具有融资约束的企业相比，没有融资约束的企业可以根据外部环境的变化调整自身的资本结构。宏观经济政策还会影响企业的盈余管理，在不同的宏观经济背景下，企业盈余管理的动机和方式各不相同。这说明宏观经济不仅可以影响企业生存的条件和环境，还可以通过一定的传导机制，影响企业的微观行为。

在转型期间，企业外部制度环境造成的不确定性阻碍了中小企业的持续经营发展。其中，金融或法律等制度因素对规模较小的企业制约最多，随着金融等制度环境的改善，企业成长的约束也会被弱化。中国目前处于转型期，制度环境的变化在很大程度上影响了家族企业的发展。

制度环境是重要的宏观因素，对转型经济中的企业行为有重大影响。目前中国经济处于转型中，制度环境有两方面的变化：一是经济资源逐渐交由市场配置，二是政府逐渐降低对经济的直接干预，向管理和监督者角色转变。政府角色的转变有利于家族企业在公平的环境中发展成长。

3.5　家族企业上市方式

家族企业同其他企业一样，有两类上市方式：一类是通过 IPO 直接上市，另一类是通过借壳上市等方式间接上市。直接通过 IPO 上市的家族企业可被称为创始家族企业，而买壳上市的家族企业是通过原国有上市公司的控制权转移给个人或家族，称为非创始家族企业。直接上市的家族企业凝聚了创始家族的心血，家族成员将企业看作自身的孩子，努力做好企业；而通过间接方式上市的企业多数利用我国资本市场的漏洞来获取私有收益，利用低价收购壳资源，获得收购中的股权溢价从而获取短期收益。

利用 IPO 上市的创始家族企业，该企业是创始家族的辛苦见证，是他们追求的事业。因此创始家族不会轻易脱离企业，他们维护企业长期经营的强烈愿望会使企业长久发展。创始人将自己看作企业的管家，将家族企业看作可以传承下去的资产。另外，创始人家族将企业看作其人生的价值，这种动机使家族成员更具有长远眼光，更注重长期投资，他们会采用股东利益最大化的战略，而非看重短期绩效。有学者研究表明，创始家族的第一代更倾向于关注企业的长期价值。这类家族企业上市是为了利用资本市场的融资平台，进一步发展企业。而且，公司上市要求高、标准严，家族企业在这样的体制下，企业的相关业务及治理水平已经达到较高标准，企业的绩效水平和发展前景也有更大的空间。在这种情况下，家族成员为了更好地控制企业，不仅持有较高的所有权和控制权，还会掌握企业的高级管理职位。因此，创始家族建立的家族上市公司更倾向于好好发展企业，而不是与企业脱离关系。

有研究表明，通过间接方式上市的家族企业采取金字塔结构控制，其主要动机是进行两权分离，从而实施隐秘地攫取控制权私利的行为。有统计显示，收购人收购首次公告日距离其成立时间不足三年的占比47%，某种程度上说明这是为了进行收购而创立的“壳公司”。这些收购者的收购目的并不是上市公司的生产经营，而是利用市场环境的漏洞获取额外收益。通过买壳上市的企业，一方面缺乏经营的资金，另一方面试图掩盖更多的掏空行为，这类家族企业在上市公司这个融资平台中，为了自身的利益尽可能套取更多的现金，企业无力支撑时将其变卖。因此，非创始的家族企业更容易实施去家族化，而且在企业借壳上市不久后，企业控制人便会寻找机会转让企业获取财富。

通过IPO直接上市的家族企业，由创始家族直接持有和管理，家族企业是创始家族想要传承下去的财富，而且家族企业上市是为了寻求更好的融资手段，并不是想要套现，因此创始家族建立的家族企业不会在短时间内迅速去家族化。而通过间接方式上市的家族企业，其上市并不是通过融资弥补企业资金缺口，提高企业的生产经营能力，而是通过企业上市进行套现，从而获得额外收益。这类非创始家族企业关注的并不是企业的发展，而是自身的利益。非创始家族企业上市后，当股价达到一个相对高点时，家族股东会出售所持股份变现。由于信息不对称，企业的中小股东并不能及时变现，从而出现企业大股东套现，企业发展不景气，中小股东的利益受到侵害。为了及时达到套现目的，企业大股东会在上市后及时脱离企业，企业彻底地去除家族化。

3.6　本章小结

本章回顾了家族企业从明清时期至今的发展状况及制度变迁情况，并对家族企业面临的现状进行了简要分析，发现家族企业的成立发展与制度背景的关系有以下特征。

（1）尽管我国家族企业可以追溯久远，但由于历史的原因并没有形成一定规模，直到改革开放之后，家族企业才真正地开始发展，但始终游走在体制外的边缘。随着市场化进程的加快，家族企业逐渐由劳动密集型行业转向技术密集型行业。

（2）由于家族传统观念和外部经理人市场不健全，一般由家族成员管理企业。随着对家族企业政策的不断放松，家族企业逐渐涉及高新技术行业，企业对人才的需求增加。随着市场经济的不断深入，经理人市场逐渐完善。这些变化促进了家族企业去家族化的进程。

（3）受相关政策的影响，金融机构更加偏爱国有企业，以家族企业为代表的民营企业在很长一段时间得不到银行的贷款，使企业发展受到严重约束。随着市场化进程的加快，融资环境的改善，中小板与创业板的建立，海外上市的兴起，为家族企业提供了更多的融资平台，也为企业控制权市场的有效性提供了相应的环境。

（4）市场环境的发展促进了投资者保护机制的建立，家族企业的产权得到保护，中小股东权益也得到保障。市场对企业的运营更加敏感，当企业业绩没有得到市场认可时，便会重新进行市场配置。

第4章 企业内部因素与去家族化

企业的发展很大程度依靠自身，家族企业自身的风险水平与信息透明度会对企业的一些行为产生影响，进而影响企业的去家族化水平。目前我国的资本市场尚待完善，家族企业中中小股东权益的保护程度有待提高。本章将围绕企业信息透明度对不同类型的家族企业去家族化的影响展开叙述。

4.1　问题的提出

目前有很多关于家族企业治理结构的研究，对家族企业的关注主要集中在家族股权结构、控制结构与企业绩效方面。随着家族企业的发展，家族企业的继承或交接问题也成了社会与学者的关注热点。我国家族企业多数诞生于改革开放以后，目前已有40多年的历史。Burkart等（2003）的研究表明，在家族企业中，随着企业主的年龄增长等自然问题，家族企业选择合适的接班人已经成为企业面临的主要问题。Villalonga和Amit（2006）的研究发现，家族企业的创始人退位对企业有不利影响。另外有研究表明，家族企业创始人管理企业与外部职业经理人管理企业时的企业价值没有显著区别。虽然中国家族企业对家族观念有很深的认同感，但在客观环境下，很多企业因素对家族企业的走向也有重要影响。本章基于家族层面和企业层面，对家族企业选择去家族化的内部因素进行分析。

目前我国大力支持和鼓励创业，很多新兴企业迅速建立并上市，但是当中不乏有些企业是为了寻求上市后套现而建立的。如果一个企业是为了套利而上市，控股股东在融入大量资金后必然不会长期持有企业，而且会因为控制权私利问题产生大量代理成本。根据数据显示，2014 年全年，上市公司重要股东减持股份金额约为 2512 亿元。大股东的集中套现，说明他们早已看空公司的经营前景，甚至放弃企业。目前我国资本市场有待完善，甄别并预防这类企业，不仅有利于维护资本市场秩序，同时可以保护中小股东的权益。

家族企业在创立初期，由于创始人具有的责任感与企业家精神，即使企业面临的风险较高，也可以灵活地应对外界各种变化，获得较高的回报。当企业成长到一定规模时，家族财富有了一定的积累，但由于家族企业的私有产权受到的保护程度有限，企业此时趋向于维稳。而且，家族成员通常将企业看作是留给后代的资产，因此有强烈动机保持家族企业的低风险性。

在当前环境下，企业的产权保护成本较高，为了保障自身利益不受侵犯，家族企业通常采用其他渠道保护自身的利益与财富，例如，金字塔控制结构。很多学者对金字塔结构及其经济后果进行研究，发现金字塔结构一方面可以帮助家族实现控制，另一方面引发了家族企业的代理成本。家族企业如何在控制与绩效中进行选择，取决于家族成员对企业的经营理念及企业的发展状况。

家族企业的经营路径取决于管理者的目标，在代理理论的框架下，研究者更多地关注企业内部代理理论的形成与后果，忽略了企业的本质与企业最初成立的初衷。一般情况下，我们会认为家族企业是为了延续而成立的，但 Villalonga 和 Amit（2010）的研究发现，家族控制权理论有“竞争优势”与“控制权私利”之分。追求竞争优势的家族企业，更加看重企业未来的发展价值，在选择企业未来接班人时更侧重于人员的能力与企业的需求；而在控制权私利的假设下，家族成员只会考虑自身的利益，进行企业接班时也侧重于家族获得的利益。在不同家族控制理论假设下，不同的企业行为有不同的含义，对企业未来的走向有不同的影响。本章主要考察家族企业的外生变量在不同家族控制的情况下，对企业家族化行为的影响。

4.2 研究假设

（1）家族企业的信息透明度与去家族化。

目前我国处于经济转型中，资本结构较为集中，这种特有的股权结构与西方国家的股权结构有很大不同。在家族企业中，较为常见的持股方式有直接持股、金字塔结构或多重持股，金字塔结构下的股权结构更容易使家族企业内外部的投资者之间产生代理问题。

信息透明度作为企业信息流动的特征，在某种程度上影响了企业的行为。披露较多的信息会对企业产生不利的影响，例如，增加披露成本。家族企业具有长远眼光，与家族股东相比，外部投资者更加注重企业的短期利益，当企业进行一项长期投资时，由于投资回收期长、投资风险较高而受到外部投资者的反对，家族企业则丧失了较好的投资机会。较高的信息透明度为企业带来了更多的关注，同时也增加了其他因素对企业的干预。

根据信息不对称理论，家族成员作为企业的信息优势方，比外界对公司有更多的了解，获得其他公司的有关信息不如获取自己公司信息多且全面，而且风险带来的收益远远大于风险本身。不对称的信息环境使家族股东可以获得由于信息模糊带来的收益，因此多数家族企业通常投资自己的企业而不是进行多元化投资。企业的信息透明度提高后，家族企业由此获得的相关利益则会受到影响，家族不得不通过分散投资弥补损失的利益，在这个过程中，家族成员逐渐减少对企业的投资，通过多元化投资增加收益。另外，由于企业信息越来越透明，使外界对企业的干扰增加，家族企业对于未来预测的准确度降低，家族企业面临的风险增加，家族成员退出企业的可能性也会增加。

有研究表明，家族企业的内部大股东为了自身利益而损害中小股东利益，形成"控制权私利"。较高的信息透明度可以减少大股东与中小股东之间的代理成本，因此信息公开被视为投资者保护的重要组成部分。家族成员有强烈的动机限制企业的信息流动，如为防止自身的控制权私利和家族利益受到影响，家族控制性股东会通过披露有限信息或过时信息来掩盖企业财富或者防止外界干预。还有学者发现控制性股东为了其自身利益也会限制公司的信息透明度。家族企业相关的信息没有得到及时的披露，妨碍了外部投资者及时获取信息，从而为家族成员股东攫取控制权私利提供了机会。由于企业的信息不透明，家族控制性股东便可以较低的成本获取更多的控制权私利，损害中小股东的利益和企业利益。

我国家族企业多数一股独大，家族股东通过多种渠道攫取中小股东利益。在信息不透明的环境中，大股东的侵占行为被掩盖，由此为家族股东带来的控制权私利会更多。当企业信息透明度逐渐提高后，相关利益就会消失，侵占企业或中小股东利益的行为也会受到抑制，家族股东的控制权私利也会降低。

如果家族成员想要获得控制权私利的话，他们会更倾向于在自己的公司，或者在与非家族股东存在信息不对称的行业中运作。Anderson 等（2009）研究发现，家族企业的透明度显著比非家族企业低，同时验证了如果公司的透明度提高，使其获取私人收益的可能性和利益降低，那么家族会逐渐退出企业的管理。Leuz，Nanda 和 Wysocki（2003）认为公司的透明程度也可以保护小股东利益。控制性股东有动机限制公司的透明度水平，从而获取私人的控制权收益。

企业信息透明度的提高，一方面增加了家族股东与外界投资者的沟通成本，另一方面降低了企业通过信息模糊获得的相关收益，重要的是抑制了大股东的侵占行为，损害了家族股东的控制权私利。家族成员自身利益受到损失，便会逐渐退出企业，说明信息透明度强化了家族企业的去家族化。

同时研究表明，家族企业的信息披露与企业价值有正向关系，家族企业的信息透明度较高是企业价值较高的体现，向外部投资者传递了一个好的信号。我国目前的信息传递机制有待完善，市场中的信息流动性也有待加强，一般而言，信息透明度在披露风险或融资决策中的问题使家族企业更愿保持自身信息的模糊性。石水平等（2007）的研究发现，企业信息披露与家族的控制权负相关，即信息披露越多，家族会放弃对企业的控制。反过来考虑，当企业信息透明度提高时，家族仍然保持对企业的控制，实质上是给外界的一种信号与证明，相信企业的发展实力与前景会得到社会的认可。

由此，我们提出以下假设。

假设 4.1：追求“竞争优势”的家族企业，企业信息越透明，家族越不容易退出企业；追求“控制权私利”的家族企业，企业信息越透明，家族越容易退出企业。

（2）家族财富与家族企业去家族化。

Habbershon 和 Pisrui（2002）的研究表明，家族企业的存在与发展有其特殊的目标，不仅实现企业价值最大化，而且追求家族财富的稳定与不断增长。家族企业创始人通常具有突出的创新精神，集中资源并开发利用，当企业逐渐走向成熟时，创始人为能够留一份长久的资产给后代，会趋于保守，面对高风险或可能失败的情形，做出决策时会小心谨慎，不会像创业初期采用多种灵活的方法。

对于不同类型的家族企业，家族财富的作用也是不同的。更加关注“竞争优势”的家族企业，家族财富是一份可以传承下去的资产，是家族内部成员共享的，而家族企业去家族化则分散了这种利益，对于家族传承是不利的。因此家族财富较多的企业不倾向于实施去家族化。对于追求“控制权私利”的家族企业，其在乎的是当时的利益，而不是未来的发展。家族企业的上市在某种程度上是为了自身获取更多的利益。当企业有了相当多的财富时，家族成员便会通过转让等方式实现利益的变现，家族财富越多，家族成员更倾向于退出企业。

由此，我们提出如下假设。

假设 4.2：追求“竞争优势”的家族企业，家族财富越多，家族企业越不容易去家族化；追求“控制权私利”的家族企业，家族财富越多，家族企业越容易去家族化。

（3）家族企业声誉与去家族化。

我国目前处于经济转型中，法制对私有企业的产权保护程度有待提高，使家族企业在发展的过程中面临很高的不确定性和较大的风险。Fan 等（2007）的研究发现，处于投资者保护较低的环境中，家族企业通常使用金字塔结构控制企业，由此保护自身家族的利益。同时有研究表明，金字塔控股结构为家族成员提供了掏空企业的机会与渠道，引发了家族股东与外部投资者的代理冲突。

根据通道理论，在金字塔控股结构中，现金流可以在家族股东的控制下通过纵向结构自下而上流动，家族股东由于侵占公司资金而损害了外部股东的利益，家族企业内外部的代理冲突就会凸显。另外，在金字塔控股结构中，家族股东可以将有关收益拦截在企业内部，这不仅侵占了其他股东的利益，还会导致家族股东的投资行为。家族股东利用企业的控股结构规避外界的监督，套取控制权私利，使中小股东利益受到侵害。

家族股东对控制权私利的追求，一方面是追求自身的经济利益，另一方面是基于利他主义转移资源。家族企业自改革开放以来已发展 40 多年，家族后代在企业中工作也是非常普遍的，由于利他主义的影响，父母对子女的疼爱有时会造成企业内部转移支付更加严重。家族成员会为了保障家族而将企业置于低效率的位置，增加了宠坏后代的风险。

家族企业除了关注自身利益，同样关注家族和企业在社会上的声誉。社会情感财富理论认为，家族不仅追求经济利益，而且追求非物质财富。企业声誉作为一种非物质财富，是企业在社会上地位的象征，企业应该为自己的声誉负责，尤其是家族企业，家族与企业紧密相连，企业的声誉直接关系到家族的声誉。目前对家族企业的研究主要集中在家族企业内部的代理问题对企业价值或绩效的影响，一股独大的家族企业侵占公司资产或中小股东的利益，使家族企业价值降低，外部投资者的利益受到损害。我国资本市场监管机构对企业违规行为有一定的控制作用，当企业的违规行为被披露时，家族企业的侵占行为受到抑制，家族或企业在社会上的声誉也受到严重影响。

Gomez - Mejia（2011）的研究发现，社会情感财富不仅影响企业的绩效水平，还会影响企业有关战略行为的部署。家族企业的社会情感财富体现在多个方面，包括家族控制和影响、家族成员对企业的认同、紧密的社会关系、情感依恋和传承意愿，这些社会情感财富的来源之一即家族对企业社会资本的投入。在企业投入社会资本的过程中，家族成员与企业的声誉得到提高，一方面有利于企业未来的发展，另一方面有助于提升家族成员对企业的心理归属感，提高企业在家族内部的传承概率。

企业声誉属于企业特有的社会财富和无形资产，Fan 等（2008）分析了家族企业特殊性资产与个人特质对家族企业继承的影响，认为家族企业的特殊性资产对家族企业传承有重要作用。

由此，我们提出以下假设。

假设 4.3：企业声誉越低，家族企业越倾向于去家族化。

（4）信息透明度与企业声誉对企业去家族化的交叉影响。

为了不断完善资本市场，我国针对市场参与、企业信息披露等出台了一系列规定，使上市公司信息透明度大幅度提高，有效地改善了企业信息流动环境和信息披露体系。

企业在社会上形成的声誉，主要源于企业向外界披露的信息。企业信息透明度提高时，企业声誉对家族企业的作用便会得到加强。家族企业在社会上树立良好的形象为企业带来了非经济利益，不仅有利于企业未来的发展，而且有利于家族后代接管企业。信息透明度的提高，使家族企业受到更广泛的关注，通过马太效应，家族成员和企业有了更多的机会进行展示，家族与企业的关系更加紧密，加强了家族对企业的持有和控制。

当企业声誉受到损害时，家族企业本身就会受到一定的影响，企业信息的流动性会暴露更多的内部信息，使外界投资者对企业的信心大减，非常不利于家族企业的发展和内部继承。信息透明度是一把“双刃剑”，在企业声誉良好的情况下可以促进家族与企业的关联，在企业声誉受到损害时，也会弱化家族对企业的归属感。

我国家族上市公司多数是家族股东掌握企业控制权，由于相关的法律对中小股东的保护并不到位，使家族企业具有侵占中小股东的能力，并且中小股东对此虽然愤怒但也无能为力。当家族企业由于侵占公司利益等行为被监管机构发现时，中小股东便会及时转移投资方向，企业信息透明度的提高使更多类似的信息流出，导致家族企业的发展更加不利。

由此，我们提出如下假设。

假设4.4：信息透明度越高，企业声誉对去家族化的作用更加强烈。

4.3　研究设计

4.3.1　样本选择与数据来源

目前家族企业尚未有统一的定义，这也为家族企业的研究增加了难度。借鉴以往的文献（Anderson 和 Reeb，2012；许静静和吕长江，2011；贺小刚和连燕玲，2009），从家族企业所有权和控制权角度出发，对家族企业定义如下：（1）企业的最终控制人能够追踪到个人或者家族；（2）最终控制人直接或间接是上市公司第一大股东；（3）企业的董事长或者总经理由家族成员担任。该定义的关键含义是，无论所有权还是经营管理权都由家族成员控制。我们选择了 2005 年至 2014 年的初始样本，在剔除数据缺失的观测值后，最终得到 2769 个公司—年度观测值。通过人工收集整理企业的年报，得到了家族成员任职企业董事长或总经理的相关数据。企业分析师数据来自国泰安 CSMAR 数据库中的“中国上市公司分析师预测研究数据库”，对于跟踪分析师人数的缺省值采用 0 处理。其他数据均来自国泰安 CSMAR 数据库。在分析过程中，对所有的连续变量进行了上下 1% 样本的 Winsorize 处理。

4.3.2 研究变量的定义与模型建立

为验证上文中提出的研究假设，我们建立如下模型。

$$\begin{aligned}\text{Transfer} = {} & \alpha_1 \text{Transparency} + \alpha_2 \text{Wealth} + \alpha_3 \text{Reputation} \\ & + \alpha_4 \text{Control Variable} + \varepsilon\end{aligned}$$

被解释变量（Transfer）为二值变量，企业出现去家族化现象则为 1，反之为 0；解释变量（Transparency）使用分析师跟踪人数作为代理变量。

对于企业的去家族化变量定义。本书的研究对象是家族企业的去家族化现象，由于本书对家族企业的定义主要表现在两个方面，一个是企业的实际控制人，另一个是企业管理者，即董事长或总经理。因此本书也分两种情况来衡量家族企业的去家族化，第一种情况是企业董事长或者总经理的更换，如果企业的经营管理决策权在家族成员以外的人手中，那么该企业被认定由家族企业变成了非家族企业；第二种情况是实际控制人的更换，只要企业更换的实际控制人不属于家族成员，我们就认定该企业进行了去家族化。我们使用二值变量衡量去家族化，并在两种不同的情况下分别检验。

企业信息透明度（Transparency）采用分析师跟踪人数衡量，分析师跟踪人数越多，企业受到的关注也就越多，企业的信息也会更加透明，则企业的透明度就会增加。

在参考以往文献的基础上，引入以下控制变量。

公司规模（Size）。家族企业成立初期，企业规模较小，相应的管理成本较低，对职业经理人的需求也较低，企业由家族控制和管理是实现价值最大化的有效途径。随着企业的不断发展壮大，企业规模也逐渐扩大，仅有家族成员管理已不能满足企业的发展需求，此时家族企业对外界专业人才的需求开始增加。当家族企业不断地扩大，对资金和人才的要求会进一步上升，家族企业的股权会进一步分散，则企业去家族化的程度更加深入。可见，公司规模对家族企业去家族化的深刻影响。

资产负债率（Lev）。资产负债率是企业资本结构的重要体现，家族企业发展初期，对资金需求不大，通过家族成员的筹集能够满足企业发展需要。当家族企业的经营规模逐渐扩大后，对资金的需求也急剧上升，此时家族筹集已不能满足需求，则需要通过其他途径解决。由于我国资本市场发展有待完善，家族企业进行股权融资具有一定困难。有研究表明，银行借贷仍是私营企业筹资的主要途径（陈等，2013）。家族企业天然的求稳意识，使企业的资本结构不会过于失衡，当资产负债率较高时，说明家族企业的经营管理可能面临困难。

营运资本能力（Operate），该指标可以体现企业短期资产的流动能力，反映企业的流动性。家族企业的经营更加注重资金的流动性，因此营运资本能力在一定程度上能够反映家族企业的资金流动现状。当营运资本能力较弱时，说明企业的短期偿债和资产利用率出现问题，会影响企业的流动资金和资本结构等，进一步对企业去家族化产生影响。

发展能力（Develop），采用营业收入增长率衡量，反映了企业的成长状况。创始家族创立企业是希望将企业传承下去，那么企业的发展能力则是非常重要的；另外，有些家族成员管理企业是希望在合适的时机将企业出售获得巨大经济回报，而企业的发展能力可以提高企业出售时的价格。因此企业发展能力对家族企业去家族化的影响要从企业上市目的等方面进行考虑。

风险水平（Risk），通过企业的杠杆率衡量，该指标反映了企业产品销售额的变动对股东利益的影响。虽然风险越高，收益越高，但家族企业的稳健特性使企业不会保持较高的风险水平。处于风险较高环境下的家族企业为了自身发展考虑，或者想办法降低企业的风险或者逐渐去家族化。

获利能力（Profit），是企业经营效果的体现，反映了企业在产品市场上的生存状况。企业的本质是利益最大化，即使家族企业具备较强的社会责任情感，依然要保证企业经营利益的实现。当企业的获利能力下降时，家族企业的持续发展受到威胁，家族成员获得的控制权私利也不能得到保证，则家族成员会逐渐脱离与企业的关系。

变量具体定义见表 4－1。

表 4－1　　变量定义

变量名称	变量符号	变量含义
去家族化与否	Transfer1	企业完全转让和引入外部经理人时，该值取 1
	Transfer2	企业完全转让时，去家族化为 1，其余为 0
企业信息透明度	N	企业分析师跟踪人数
家族财富	Wealth	家族持股比例占企业市场价值部分
企业声誉	Illegal	发生违规行为被通告则取值为 1，否则为 0

续表

变量名称	变量符号	变量含义
企业规模	Size	企业资产的自然对数
资本结构	Lev	企业的资产负债率
营运资本能力	Operate	总资产周转率
发展能力	Develop	营业收入增长率
风险水平	Risk	企业总杠杆系数
获利能力	Profit	营业利润率

4.4　实证结果

4.4.1　描述性分析

表4－2列出了本章主要变量的描述性统计结果，该表为样本总数据的描述分析。从家族企业去家族化的不同类型可以看出，引入外部职业经理人的家族企业占11.6%的比例，而转让出售的家族企业比例大概是16.9%。从这个统计结果可以看出，多数家族企业仍然是由家族控制和管理。企业的分析师跟踪人数均值约为15人，企业上市方式（Primed）的均值为1.266，说明多数家族企业通过直接方式上市。

表4－2　　全样本下描述统计分析

Variable	Obs	Mean	Std. Dev.	Min	Max
Transfer1	6067	0.285	0.4513	0	1
Transfer2	6067	0.169	0.374	0	1
N	6067	15.479	17.132	0	109
Size	6067	21.229	1.110	18.144	24.288

续表

Variable	Obs	Mean	Std. Dev.	Min	Max
Lev	6067	0.487	0.450	0.037	3.677
Operate	6045	0.664	0.478	0.023	2.807
Develop	6067	0.247	0.817	-0.811	6.490
Risk	6060	2.053	2.561	-1.848	17.959
Profit	6067	0.047	0.082	-0.429	0.302

表4-3是去家族化企业样本的描述性统计分析。从去家族化的方式来看，25.1%的企业通过引入外部经理人进行了去家族化，约有36.6%的家族企业通过企业转让进行了去家族化。家族企业分析师跟踪人数均值约为14人，企业上市方式均值为1.428，说明通过直接方式与间接方式上市的家族企业比例非常接近。通过总体样本和分样本的描述性统计可以发现，去家族化的企业中，分析师跟踪人数较多，家族上市方式更偏向间接方式。

表4-3　分样本下描述统计分析

Variable	Obs	Mean	Std. Dev.	Min	Max
Transfer1	2798	0.617	0.486	0	1
Transfer2	2798	0.366	0.482	0	1
N	1832	13.990	15.614	0	109
Size	2798	21.029	1.323	16.939	24.326
Lev	2798	0.686	0.917	0.060	7.331
Operate	2776	0.626	0.530	0.011	2.984
Develop	2798	0.560	2.955	-0.920	26.180
Risk	2791	2.165	2.913	-3.347	19.153
Profit	2798	0.026	0.176	-1.149	0.587

4.4.2 实证检验

家族企业分为去家族化的企业与未去家族化的企业，为了更好地检验内部因素对企业去家族化的影响，本章的实证研究分为全样本（包含所有家族企业）和分样本（只包含去家族化的企业）检验。

（1）信息透明度与家族企业去家族化的样本分析。

表4-4是信息透明度与家族企业去家族化的全样本分析。列（1）是分析师跟踪人数对第一种去家族化方式的影响，可以看出分析师跟踪人数的回归系数为负，并在1%的水平上显著；列（2）是分析师跟踪人数对第二种去家族化方式的影响，分析师跟踪人数的系数依然为负，并在5%的水平上显著。分析师跟踪人数越多，说明企业受关注程度越高，信息也就越透明。该结果表明，家族企业的信息透明度越高，家族企业更易保持家族控制和管理。

表4-4 全样本下信息透明度与去家族化的回归分析

项目	(1) Transfer1	(2) Transfer2
N	-0.005*** (-3.36)	-0.004** (-2.26)
Size	-0.062*** (-3.16)	-0.056*** (-2.61)
Lev	0.099** (2.21)	0.243*** (5.34)
Operate	0.098** (2.41)	-0.189*** (-3.83)
Develop	0.093*** (4.13)	0.147*** (6.60)

续表

项目	(1) Transfer1	(2) Transfer2
Risk	-0.019** (-2.53)	-0.014* (-1.70)
Profit	0.820*** (3.30)	0.427 (1.63)
Industry	控制	控制
_Cons	-0.330 (-0.82)	-0.907** (-2.06)
N	6038	6038

注：括号内是参数检验的 p 值，*、**、*** 分别表示在 10%、5% 和 1% 的水平上显著。

另外，本章还针对去家族化的企业进行回归分析。表 4-5 列示了去家族化企业样本中，企业分析师跟踪人数对家族企业去家族化的影响，列（1）是对第一种去家族化方式的影响，分析师跟踪人数系数为正，并在 1% 的水平上显著；列（2）针对第二种去家族化方式回归，分析师跟踪人数系数同样为正，并在 10% 的水平上显著。该结果表明企业的信息透明度越高，家族企业越倾向于去家族化。该样本的回归结果同全样本的回归结果完全相反，说明信息透明度对不同的家族企业有不同的影响。

表 4-5　分样本下信息透明度与去家族化的回归分析

项目	(1) Transfer1	(2) Transfer2
N	0.012*** (4.52)	0.004* (1.77)
Size	0.050 (1.46)	0.008 (0.24)

续表

项目	(1) Transfer1	(2) Transfer2
Lev	0.109 (1.21)	0.270*** (3.05)
Operate	-0.054 (-0.88)	-0.399*** (-6.12)
Develop	0.069*** (2.63)	0.078*** (4.68)
Risk	-0.023** (-2.02)	-0.022* (-1.86)
Profit	1.170*** (3.01)	0.856** (2.24)
Industry	控制	控制
_Cons	-1.632** (-2.34)	-1.437** (-2.14)
N	1825	1825

注：括号内是参数检验的p值，*、**、***分别表示在10%、5%和1%的水平上显著。

在前面章节对家族企业的定义中，根据Villalonga和Amit（2006）的研究，本书将家族企业分为两种类型，追求“竞争优势”的企业与看重“控制权私利”的企业。本书通过家族企业上市方式的不同大致区分这些企业。如理论假设中所分析，直接上市的家族企业更加注重企业发展与成长，更加关注企业自身的价值。而间接上市的家族企业主要考虑家族自身所获得的利益，并不关注企业本身的发展。

表4-6列示了直接上市与间接上市的家族企业在关联交易和控制方式方面的区别。对于关联交易，首先采用哑变量进行衡量，

即企业若进行了关联交易，则取值为1，反之为0。直接上市的家族企业关联交易的均值为0.852，间接上市的家族企业关联交易均值为0.907，两者之间的差别显著，说明间接上市的企业更倾向于进行关联交易。其次，通过关联交易的次数进行衡量，由表4-6可知，直接上市的家族企业一年内进行关联交易的次数为16.351次，而间接上市的家族企业一年内进行关联交易的次数为17.641次，差别显著，同样说明间接上市的企业更倾向于进行关联交易。对于实际控制人控制企业的方式，采用直接控制企业则取值为1，采用金字塔等方式控制企业则取值为0，直接上市的家族企业控制方式的均值为0.361，间接上市的家族企业控制方式的均值为0.127，说明直接上市方式下的家族企业更偏向直接控制企业，由此可以减少控制层级，降低了第二类代理成本，从而提升了公司价值。

表4-6 不同上市方式下家族企业掏空企业行为的比较

项目		直接上市		间接上市		T检验
		均值	标准差	均值	标准差	
关联交易	次数	16.351	0.346	17.641	0.651	-1.874
	哑变量	0.852	0.005	0.907	0.007	-5.568
控制方式		0.361	0.007	0.127	0.008	18.046

为了进一步验证信息透明度对去家族化的影响，表4-7列示了不同上市方式下，企业分析师跟踪人数对家族企业去家族化的影响。列（1）是分析师跟踪人数对第一种去家族化方式的影响，分析师跟踪人数系数为负，并在1%的水平上显著；列（2）是分析师跟踪人数对第二种去家族化方式的影响，分析师跟踪人数系数依然显著为负。说明家族企业在直接上市方式下，信息越透明，家族企业越倾向于采用家族成员管理企业。企业信息透明度的提高，可以获得外界更高的关注度，企业因此受到更多的监督，使企业更加稳定、积极地发展。通过直接方式上市的家族企业，其成员更注重

家族与企业的共同发展，当企业发展状况较好时，家族成员一般不会退出企业，所以此时家族企业不易实施去家族化。

列（3）至列（4）列示了间接上市方式下，家族企业分析师跟踪人数对企业去家族化的影响。列（3）是分析师跟踪人数对第一种去家族化方式的影响，分析师跟踪人数系数为正，并在1%的水平上显著；列（4）是分析师跟踪人数对第二种去家族化方式的影响，系数依然为正，并在10%的水平上显著。该结果表明在间接上市方式下，企业分析师跟踪人数越多，信息越透明，家族企业越倾向于去家族化。间接上市的家族企业其上市目的很大程度上是为了获得控制权私利，企业信息越透明，家族企业内家族成员掏空的行为就会减少，当家族成员不能从企业获得控制权私利时，便会逐渐脱离企业。由此验证了假设4.1。

表4-7 不同上市方式下信息透明度与去家族化的回归分析

项目	(1) 直接 Transfer1	(2) 直接 Transfer2	(3) 间接 Transfer1	(4) 间接 Transfer2
N	-0.007*** (-4.29)	-0.007*** (-2.99)	0.011*** (3.50)	0.005* (1.71)
Size	-0.063** (-2.41)	-0.049* (-1.65)	-0.131*** (-4.21)	-0.090*** (-2.86)
Lev	0.298*** (4.55)	0.428*** (6.42)	-0.139** (-2.19)	0.052 (0.82)
Operate	0.012 (0.22)	-0.110* (-1.71)	0.182*** (2.68)	-0.326*** (-4.19)
Develop	0.132*** (3.71)	0.169*** (4.88)	0.067** (2.30)	0.132*** (4.60)
Risk	-0.016* (-1.69)	0.003 (0.27)	-0.027** (-2.12)	-0.044*** (-3.09)

续表

项目	(1) 直接 Transfer1	(2) 直接 Transfer2	(3) 间接 Transfer1	(4) 间接 Transfer2
Profit	1.123 *** (3.08)	0.233 (0.59)	0.517 (1.48)	0.599 * (1.67)
Industry	控制	控制	控制	控制
_Cons	-0.393 (-0.73)	-1.216 ** (-1.98)	1.580 ** (2.46)	0.205 (0.31)
N	4437	4437	1601	1601

注：括号内是参数检验的p值，*、**、***分别表示在10%、5%和1%的水平上显著。

（2）家族财富与去家族化的样本分析。

表4-8列示了全样本下家族财富与家族企业去家族化的回归分析。列（1）是家族财富对第一种去家族化方式的影响，可以看出家族财富的系数为负，并在1%的水平上显著，表明家族财富越多，企业越不倾向于去家族化。列（2）是家族财富对第二种去家族化方式的影响，家族财富的系数为正但并不显著，说明家族财富对企业转让并没有显著影响，而对第一种去家族化方式的影响主要在于引入外部经理人。全样本的结果表明，企业的家族财富越多，企业越不轻易将企业控制权交于外部经理人。

表4-8　全样本下家族财富与去家族化的回归分析

项目	(1) Transfer1	(2) Transfer2
Wealth	-0.144 *** (-7.92)	0.011 (0.53)
Size	0.106 *** (5.29)	0.006 (0.29)

续表

项目	(1) Transfer1	(2) Transfer2
Lev	0.425 *** (9.11)	0.527 *** (10.93)
Operate	-0.109 *** (-2.82)	-0.387 *** (-7.93)
Develop	0.172 *** (7.82)	0.218 *** (9.85)
Risk	-0.013 * (-1.82)	-0.006 (-0.79)
Profit	0.518 ** (2.03)	-0.276 (-1.01)
Industry	控制	控制
_Cons	-0.434 (-1.21)	-1.418 *** (-3.51)
N	5805	5805

注：括号内是参数检验的 p 值，*、**、*** 分别表示在 10%、5% 和 1% 的水平上显著。

表 4 -9 列示了去家族化样本中家族财富对企业去家族化的影响，由表 4 -9 可知，列（1）和列（2）中家族财富的系数都为正，并在 1% 的水平上显著。说明无论是第一种去家族化的方式，还是第二种去家族化的方式，企业的家族财富越多，家族企业越倾向于去家族化。

这与全样本下的回归结果不同，为了进一步检验家族财富对企业去家族化的影响，将家族企业按照上市方式的不同分为两类。表 4 -10 列示了直接上市和间接上市方式下，家族财富对家族企业去家族化的影响。列（1）和列（2）列示了直接上市方式下的回归结

表 4-9　　分样本中家族财富与去家族化的回归分析

项目	(1) Transfer1	(2) Transfer2
Wealth	0.487*** (12.57)	0.471*** (11.89)
Size	-0.066** (-2.26)	-0.142*** (-4.90)
Lev	0.053 (1.50)	0.134*** (3.82)
Operate	-0.069 (-1.38)	-0.401*** (-7.60)
Develop	0.037*** (3.12)	0.060*** (5.71)
Risk	-0.012 (-1.40)	-0.003 (-0.29)
Profit	0.339* (1.90)	0.013 (0.07)
Industry	控制	控制
_Cons	-5.456*** (-10.88)	-4.202*** (-8.74)
N	2700	2700

注：括号内是参数检验的 p 值，*、**、*** 分别表示在 10%、5% 和 1% 的水平上显著。

果，家族财富对第一种去家族化方式的影响，系数为负，并在 1% 的水平上显著；对第二种去家族化方式没有显著作用。该结果与全样本的回归结果一致。列（3）和列（4）列示了间接上市方式下的回归结果，无论第一种去家族化方式还是第二种去家族化方式的回归结果，家族财富的系数均为正，并在 1% 的水平上显著，说明家族财富越多，企业越倾向于去家族化。该结果说明不同类型的家族企业，家族财富对企业的影响是不同的。直接上市的家族企业更加关注家族与企业的长期利益，不会因为暂时的利益进行去家族化；而间接上市的家族企业主要为了自身的利益，家族利益越高，去家族化对家族的有利之处更多。因此家族财富对两类家族企业的影响不同。由此验证了假设 4. 2。

表 4－10　不同上市方式下家族财富与去家族化的回归分析

项目	(1)	(2)	(3)	(4)
	直接上市		间接上市	
	Transfer1	Transfer2	Transfer1	Transfer2
Wealth	－0. 161 *** (－6. 53)	－0. 019 (－0. 65)	0. 116 *** (3. 74)	0. 263 *** (7. 76)
Size	0. 138 *** (5. 08)	0. 048 (1. 53)	－0. 102 *** (－3. 13)	－0. 165 *** (－4. 80)
Lev	0. 676 *** (9. 69)	0. 733 *** (10. 34)	－0. 108 (－1. 57)	0. 109 (1. 57)
Operate	－0. 117 ** (－2. 37)	－0. 221 *** (－3. 52)	0. 0523 (0. 78)	－0. 474 *** (－6. 03)
Develop	0. 227 *** (6. 41)	0. 262 *** (7. 40)	0. 067 ** (2. 31)	0. 132 *** (4. 55)
Risk	－0. 009 (－0. 99)	0. 010 (1. 03)	－0. 021 (－1. 64)	－0. 031 ** (－2. 11)
Profit	1. 019 *** (2. 64)	－0. 294 (－0. 70)	0. 292 (0. 80)	－0. 199 (－0. 52)
Industry	控制	控制	控制	控制
_Cons	－1. 185 ** (－2. 49)	－2. 258 *** (－4. 03)	0. 198 (0. 33)	－1. 400 ** (－2. 25)
N	4281	4281	1524	1524

注：括号内是参数检验的 p 值，*、**、*** 分别表示在 10%、5% 和 1% 的水平上显著。

(3) 家族企业声誉与去家族化的样本分析。

表4-11列示了全样本下家族企业违规行为对企业去家族化的影响。由表4-11可以看出,家族企业的掏空违规行为越多,企业越倾向于去家族化。家族企业的掏空违规行为越多,企业声誉受到的影响也就越大,因此家族企业越倾向于去家族化。由此验证了假设4.3。

表4-11 全样本下企业掏空行为与去家族化的回归分析

项目	(1) Transfer1	(2) Transfer2
Illegal	0.414* (1.88)	0.311 (1.37)
Size	-0.034 (-0.73)	-0.124** (-2.48)
Lev	0.159* (1.65)	0.144 (1.46)
Operate	0.046 (0.44)	-0.193* (-1.65)
Develop	0.173*** (2.64)	0.171*** (2.75)
Risk	-0.004 (-0.31)	0.005 (0.33)
Profit	0.741 (1.53)	0.528 (1.07)
Industry	控制	控制
_Cons	0.081 (0.08)	1.804* (1.70)
N	681	681

注:括号内是参数检验的p值,*、**、***分别表示在10%、5%和1%的水平上显著。

由于我国家族上市公司多数呈现家族控股状态，加之我国资本市场环境有待改善，使家族企业的大股东侵占中小股东利益行为比较普遍。表 4 – 12 列示了直接上市方式下和间接上市方式下的家族企业违规行为的 T 检验，结果发现，虽然两种不同上市方式下的家族股东违规行为有差异，但差异并不显著，说明两种上市方式下的企业违规行为没有显著区别，因此本章并没有分两种上市方式进行违规行为与企业去家族化的回归分析。假设 4. 3 的结论没有改变。

表 4 – 12　　不同上市方式下企业掏空行为比较

项目	直接上市		间接上市		T 检验
	均值	标准差	均值	标准差	
Illegal	0. 046	0. 010	0. 072	0. 018	–1. 37

（4）信息透明度与企业声誉对企业去家族化的交叉影响。

为了进一步验证企业违规行为对企业的影响，表 4 – 13 列示了企业违规行为和信息透明度对家族企业去家族化的交叉影响。结果显示，无论第一种去家族化方式还是第二种去家族化方式，企业分析师跟踪人数与企业违规行为的交叉项系数显著为正，说明企业分析师跟踪人数越多，企业违规行为对企业去家族化的影响会加强。该结果表明，信息透明度可以加强企业声誉对企业去家族化的作用。

表 4 – 13　全样本下企业掏空行为与信息透明度的交叉影响回归分析

项目	(1) Transfer1	(2) Transfer2
Illegal	0. 079 (0. 32)	0. 034 (0. 14)
N	–0. 021 *** (–5. 27)	–0. 032 *** (–5. 98)

续表

项目	(1) Transfer1	(2) Transfer2
N × Illegal	0.061 * (1.86)	0.037 ** (1.98)
Size	0.092 * (1.72)	0.038 (0.66)
Lev	0.137 (1.42)	0.097 (0.96)
Operate	0.073 (0.69)	-0.163 (-1.37)
Develop	0.149 ** (2.21)	0.130 ** (2.02)
Risk	-0.019 (-1.35)	-0.014 (-0.94)
Profit	1.008 ** (2.03)	0.878 * (1.72)
Industry	控制	控制
_Cons	-2.287 ** (-2.05)	-1.198 (-1.01)
N	681	681

注：括号内是参数检验的 p 值，*、**、*** 分别表示在 10%、5% 和 1% 的水平上显著。

控制变量方面，总体看来，企业规模对家族企业去家族化的影响显著为正，说明企业规模越大，家族成员越倾向于去家族化，或者引入外部管理人才，因为企业规模越大，家族成员越难控制，需要借助外界的专业力量；或者将企业转让出售获得大额资金，这与以往文献的研究结果一致。

企业发展能力的系数为正，并在 1% 的水平上显著，说明企业的发展水平越高，家族企业所需的专业能力和管理能力缺口也逐渐增大，家族成员的知识水平已不能满足企业发展需要，此时家族企业更倾向于去家族化。

4.5　本章小结

本章从企业层面研究了影响家族企业去家族化的因素。本章以家族财富、企业分析师跟踪人数和“掏空”企业等违规行为作为解释变量，以家族企业是否进行去家族化作为被解释变量进行回归，回归结果表明，家族企业分析师跟踪人数对所有家族企业样本的作用与对分样本去家族化家族企业的作用不同。在全样本中，分析师跟踪人数越多，企业越不倾向于去家族化；在去家族化的分样本中，分析师跟踪人数越多，企业越倾向于去家族化。为了进一步检验企业透明度对去家族化的影响，本章将家族企业分为直接上市和间接上市两种情形，分别检验信息透明度对去家族化的影响，结果表明，在直接上市情形下，信息透明度的提升弱化了企业的去家族化行为，说明家族企业将信息透明度视作一种信号，向外界表明家族企业自身的竞争优势；在间接上市情形下，企业信息透明度的提升加强了企业的去家族化，说明信息透明度的提升抑制了家族成员的控制权私利行为，从而使家族成员逐渐退出。家族财富对家族企业去家族化的作用同样受到家族企业类型的影响，在直接上市的情形下，家族成员追求企业和家族价值最大化，家族企业财富越多，越不倾向于去家族化；在间接上市的情形下，家族成员追求自身利益最大化，家族财富越多使企业可以通过去家族化得到更多的利益，此时家族财富促进了企业的去家族化。企业声誉通过企业的违规行为衡量，当企业存在违规行为时，企业的声誉也受到影响，家族会逐渐退出企业。在信息透明度的影响下，家族的违规行为对企业去家族化的影响更加巨大。本章研究结果表明，企业信息透明度、家族财富和企业声誉对不同类型家族企业的影响是不同的，企业信息的开放度和市场信息的流动性可以增强企业自身行为对去家族化的影响作用。

本章由浅及深地说明了家族企业内部因素对企业去家族化的影响，并延伸出家族企业上市目的对家族企业的影响，拓展了信息透明度对家族企业未来走向的研究内容。同时，本研究发现企业信息透明度更像一把“双刃剑”，对于代理成本较低的家族企业，能起到更好的监督作用；对于代理成本较高、违规行为较为严重的家族企业，较高的信息透明度使其加速实施去家族化。

第 5 章

外部因素与去家族化

我国家族企业起步较晚，作为后进者在产业竞争中突出的特点是不断赶超行业内其他企业。家族企业作为民营企业的重要组成部分，充分利用外部机会与自身优势是在行业中迅速发展的必要条件。

5.1　问题的提出

企业治理是一个动态过程，家族企业也是如此，企业动态发展的过程，也是企业内外部互相平衡的过程。企业是社会经济活动的组织形式，处于不同的环境中，必然受到环境的约束和影响，尤其是企业主体与治理机制。

企业处于初创期或者成长期时，市场竞争激烈，家族企业通常选择两权合一的家族治理模式，随着市场的进一步发展，有的企业被淘汰或者主动退出，剩下的企业逐渐选择职业经理人管理企业，企业的整体治理结构逐渐规范化。由经理人管理家族持股的企业，虽然家族没有完全退出，但通过逐渐放权，家族的痕迹也越来越淡，这也是家族企业去家族化的一种方式。

不是产品市场竞争影响企业的治理模式选择，而是产业环境和企业竞争行为影响了其治理选择。目前很多学者分析家族企业控制权结构的内生问题，却忽略了外在环境对家族企业治理的影响。有研究表明，家族企业的控制权结构受到环境因素与制度因素的影响。我国目前正处于经济转型期，不同地区、不同行业的市场发展对家族企业的影响是不同的。

随着家族企业规模的不断扩大，竞争能力不断提高，企业的治理安排也随着环境的变化而变化。根据企业组织的“结构跟随战略”理论，家族企业的存在是因为其治理机制与外界环境达到了匹配的程度。我国目前的市场环境不断完善，产业政策不断调整，有关制度的设置促进了经理人市场的有效性，家族企业面临的行业环境则趋于复杂化。家族企业创始人虽然具有天然的敏感性，可并不能始终为企业预测未来发展。复杂的环境需要更专业的管理，家族企业是否去家族化需要依据外界环境或行业情况而定。

张军（2006）认为，如果企业外部市场的环境得到改善，加强了市场的开放化程度，企业的家族化组织形式和控制形式必然会有突破性的改变。一般而言，企业的行为受到市场结构影响，从而企业绩效也会受到市场结构影响。企业的本质是追求绩效追求盈利，企业的外在环境是影响企业行为与判断的外生因素。

不仅是行业环境，企业同样受到相关政策法律的约束。国家法律制度对私有产权的保护很大程度上影响了家族企业的发展方向。一方面，法律制度直接规范了企业的行为，为企业的权利和义务提供了有关准则；另一方面，法律制度环境间接地影响企业的行为选择，保护了企业各方面利益相关者的权益。一般来说，市场程度发展越好的地区，其制度环境也较规范。本章基于企业外在环境，分析行业特征和制度背景对家族企业去家族化的影响。

5.2 研究假设

（1）企业所处行业的科技含量与去家族化。

中国的家族企业多数是改革开放以后成立起来的，作为后起之秀，其能够选择的必然是符合自身能力的中低技术。一般而言，家族企业获得生产技术的渠道有两类：一是企业内部的研发活动形成，二是通过技术转移或引进获得（黄速健，2008）。根据中国的市场改革发展之路和家族企业的发展历程，其主要途径是通过技术知识以较低的成本转移到企业内部。这些较低成本的技术为企业日后的发展奠定了基础，使企业在高科技行业中有了立足之地。

高科技行业所需的高技术要求企业有较高的资本投入，而且，相应的技术能力也是企业长年累月形成的独特结果。这对于企业而言是独一无二的，是企业的专有性资产。家族企业的创始人多数意识到，企业的无形资产长远价值最高。高科技行业为企业提供了增加自身无形资产的环境，家族企业处于该行业中势必增加研发投入，由于家族企业一般具有长期投资导向，前期研发投入会更多。因此，家族企业所处的行业科技含量越高，使企业放弃研发产品的机会成本也就越大，则家族成员退出企业的可能性也会降低。

与其他行业不同，高科技行业知识更新快，产品换代快，相关的技术专利也较多，这些技术成果属于企业的特有资产，是企业未来发展的重要推动力。由于这类资产具有长期回报的特点，处于高科技行业的家族企业持续控制企业的动力也会被强化。而且，行业的创新度较高，已存在的企业可以投入较少的边际成本来提升自身的创新能力，从而获得更好的成长机会和更高的企业绩效。

高科技行业对企业知识技术管理能力有较高的要求，家族企业创立初期，创始人凭借有关经验和敏锐的直觉将企业发展到一个高度，随着行业更新速度的加快，仅凭借创始人和家族成员难以满足企业在创新方面的需要，对外部专业人才的引进是解放企业生产力的需要。

由此，我们提出以下假设。

假设5.1a：行业的技术含量越高，家族企业越不倾向于去家族化。

假设5.1b：行业的技术含量越高，家族企业越倾向于去家族化。

对家族企业而言，研发投入对企业的回报是长期的，同时也伴随着较高的风险。因此对于家族企业的研发投入，现在有两种理论假说。一是家族企业天然地具备长期投资的特点，会增加对研发产品的投入；二是家族企业属于风险规避型，而研发投入较高的风险使家族企业会减少此类支出。对于追求长期回报的家族企业而言，处于高科技行业，产品的更新换代是获得行业一席之地的有效方法，而研发投入是产品更新的前提。当企业加大研发投入时，无形中提高了未来获得的回报，加深了家族股东与企业之间的联系，使得家族成员不会轻易退出企业。

对于不同类型的家族企业而言，长期投资的观念也不同。追求家族企业“竞争优势”的家族成员，对企业未来的回报更加关注，而不仅仅关注当前的利益，因此对研发投入也保持更大的耐心。偏好“控制权私利”的家族企业对家族的当前利益更加看重，当期的研发投入不能带来利益时，家族企业并不会因为未来的回报加大投资，也不会因为研发投入等沉没成本将家族与企业捆绑。因此，研发投入对家族企业的行为影响在不同类型的家族企业中是不同的。

由此，我们提出如下假设。

假设5.1c：行业的技术含量越高，加强了研发投入对去家族化的影响。

假设5.1d：行业的技术含量越高，弱化了研发投入对去家族化的影响。

（2）行业壁垒与去家族化。

行业壁垒提高了企业进入的门槛，企业需要花费更多的成本才能进入该行业，管理程度更加复杂，对企业管理者提出了更专业的要求，因此增加了企业对职业经理人的需求。

中国家族企业有其独特的成长背景，所处环境对企业的影响是多方面的。首先，在改革开放初期，重工业轻商业、重国有企业轻私有企业的政策使家族企业无法获得丰富的社会资料，同时国有企业在一些行业中已经优先积累了大量的资源，并且获得了相应的行业地位（黄素建，2008）。随着我国市场经济的发展，私有企业不断壮大，家族企业开始进入原先自身没有优势的行业中，但由于家族企业的基础较为薄弱，获取资源的途径也不及国有企业，因此在同样的环境下，家族企业的生存则更显艰难。其次，在进入壁垒较高的行业中，较早进入的企业已经建立了有利于企业生存的经营模式，而且在关系网络中，这类企业已经成为中心，关系网使其更加容易获得生存资料与资源。新加入的企业则要花费更大的精力进入现有的关系网和维护关系网，企业生存压力增大。在我国壁垒较高的行业中，发展较好的多数是国有企业，国有企业在占据先机的情况下又有良好的资源获取途径，以家族企业为代表的私有企业的生存压力增大。最后，企业对于关系网络的维护在一定程度上减少了企业对产品的投资，可能会造成产品质量的下降或者产品更新换代的延迟，这都不利于企业的健康发展。在生存压力较大的环境下，家族企业去家族化的可能性会增加。

另外，家族企业对外界环境变化的反应弹性过大或过小，都对企业延续有不好的影响。当行业壁垒较高时，外界环境的变化对企业造成的边际影响会降低；当行业壁垒较低时，市场处于开放竞争状态，环境发生微妙变化都会引起企业的巨大反应，使家族企业持续发展受到威胁。

由此，我们提出如下假设。

假设5.2：进入壁垒高的行业，家族企业倾向于去家族化。

（3）家族企业去家族化与制度环境。

在家族企业的创立和发展过程中，制度背景作用也不同。中国处于经济转型过程中，不同的地区，制度发展的水平不同，随着地区市场化进程的加快，不同地区的家族企业发展状况也不同。当企业所处地区的产权保护程度和信任水平较低时，家族成员希望控制企业保护自身财产。较快的市场化进程则可以降低家族企业外在环境的不确定性，因此家族企业会根据不同的制度环境选择不同的企业治理模式。

家族企业的存在，其中一个解释是家族之间的联系可以弥补较弱的制度结构，因为家族成员之间的信任是对外部缺失的治理和执行的一种补偿机制。家族企业的股权结构在投资者保护程度较弱的环境中是最优的（Burkart 等，2003）。因为在较弱的外部制度环境中，家族企业集中的股权结构可以使其避免外部的干扰，专注自身的发展。

Ferguson（1998）的研究证实了家族成员的信任关系是家族企业成功的关键，当外部法治环境和长距离的沟通机制无法实现时，家族成员之间的关系使企业的商业活动可以及时建立起联系。Burkart 等（2003）确定了家族控制可能是对较弱的投资者保护环境的一种替代。如果家族股东的控制权私利较大，创始人也许认为保存企业的控制权是最好的状态，因此会选择最信任的一个继承者，这比较适合较弱的投资环境中的家族企业。如果家族企业通过各种渠道攫取中小股东的利益，而获得的控制权私利很大，对家族来说也许有益，但对社会运作来说是无效率的。

在不同的制度环境下，企业的内部因素和外部因素对家族企业造成的影响也不同。现代企业竞争理论认为，企业内部的特定资源与企业发展能力是企业的竞争优势，较好的外部制度环境可以使内部优势放大。外部竞争优势会使企业内部的感知迟钝，在面临较差的环境时则不能做出有效的反应。

中国目前处于经济转型期，不同地区的市场化水平不同。一个地区的市场进程越快，市场监管能力越强、中小股东保护程度越深、媒体监督作用越强，这些制度因素一方面影响企业的行为选择，通过企业内部因素的作用影响企业的治理模式。当市场化进程加快时，媒体的监督作用会加大企业信息透明度的提高，而且由于市场制度的完善，家族企业的私有产权也得到保护，这时家族企业去家族化的倾向会降低。另一方面，市场化程度的加深使企业竞争更加开放平等，对技术和管理的专业化需求更高，对家族企业的知识水平和能力也提出了更高的要求，因此企业引入外部经理人的可能性也会增加，提高了家族企业去家族化的概率。

由此，我们提出如下假设。

假设5.3a：市场化进程越快，企业内部因素对去家族化的影响会减弱。

假设5.3b：市场化进程越快，企业内部因素对去家族化的影响会加强。

5.3　研究设计

5.3.1　样本选择与数据来源

目前家族企业尚未有统一的定义，这也为家族企业的研究增加了难度。借鉴以往的文献（Anderson 和 Reeb，2012；许静静和吕长江，2011；贺小刚和连燕玲，2009），从家族企业所有权和控制权角度出发，对家族企业定义如下：（1）企业的最终控制人能够追踪到个人或者家族；（2）最终控制人直接或间接是上市公司第一大股东；（3）企业的董事长或者总经理由家族成员担任。该定义的关键含义是，无论所有权还是经营管理权都由家族成员控制。我们选择了2005—2014年的初始样本，在剔除数据缺失的观测值后，最终得到2769个公司—年度观测值。通过人工收集整理企业的年报，得到了家族成员任职企业董事长或总经理的相关数据。企业跟踪分析师人数的缺省值采用0处理。其他数据均来自国泰安

CSMAR 数据库。在分析过程中，对所有的连续变量进行了上下 1% 样本的 Winsorize 处理。

5.3.2 研究变量的定义与模型建立

为验证上文中提出的研究假设，我们构建如下模型。

$$Transfer = \alpha_1 Hightech + \alpha_2 Barriers + \alpha_3 Region + \alpha_4 Control\ Variable + \varepsilon$$

被解释变量（Transfer）为二值变量，企业出现去家族化现象则为 1，反之为 0；企业所处行业是否是高科技行业（Hightech）为二值变量，行业区分标准采用国家统计局的行业标准，为高科技行业取值为 1，反之为 0；行业壁垒（Barriers）采用无形资产的赫芬达尔指数作为代理变量。

本书的研究对象是家族企业的去家族化现象，由于本书对家族企业的定义主要包括两个方面，一个是企业的实际控制人，另一个是企业管理者，即董事长或总经理。因此本书也分两种情况来衡量家族企业的去家族化，第一种情况是实际控制人的更换，只要企业更换的实际控制人不属于家族成员，那么该企业就被认定由家族企业变成了非家族企业；第二种情况是企业董事长或者总经理的更换，如果企业的经营管理决策权掌握在家族成员以外的人手中，就认定该企业进行了去家族化。我们使用二值变量衡量去家族化，并在两种不同的情况下分别检验。

在参考以往文献的基础上，引入以下控制变量。

公司规模（Size）。家族企业成立初期，企业规模较小，相应的管理成本较低，对职业经理人的需求也较低，企业由家族控制和管理是实现价值最大化的有效途径。随着企业的不断发展壮大，企业规模也逐渐扩大，仅有家族成员管理已不能满足企业的发展需求，此时家族企业对外界专业人才的需求开始增加。当家族企业不断地扩大，对资金和人才的要求会进一步上升，家族企业的股权和控制权会进一步分散，则企业去家族化的程度更加深入。可见，公司规模对家族企业去家族化的深刻影响。

资产负债率（Lev）。资产负债率是企业资本结构的重要体现，家族企业发展初期，对资金需求不大，通过家族成员的筹集能够满足企业发展需要。当家族企业的经营规模逐渐扩大后，对资金的需求也急剧上升，此时家族筹集已不能满足需求，则需要通过其他途径解决。由于我国资本市场发展有待完善，家族企业进行股权融资具有一定困难。有研究表明，银行借贷仍是私营企业筹资的主要途径（陈等，2013）。家族企业天然的求稳意识，使企业的资本结构不会过于失衡，当资产负债率较高时，说明家族企业的经营管理可能面临困难。

营运资本能力（Operate），该指标可以体现企业短期资产的流动能力，反映企业的流动性。家族企业的经营更加注重资金的流动性，因此营运资本能力在一定程度上能够反映家族企业的资金流动现状。当营运资本能力较弱时，说明企业的短期偿债和资产利用率出现问题，会影响企业的流动资金和资本结构等，进一步对企业去家族化产生影响。

发展能力（Develop），采用营业收入增长率衡量，反映企业的成长状况。创始家族创立企业是希望将企业传承下去，那么企业的发展能力则是非常重要的；另外，有些家族成员管理企业是希望在合适的时机将企业出售获得巨大经济回报，而企业的发展能力可以提高企业出售时的价格。因此企业发展能力对家族企业去家族化的影响要从企业上市目的等方面进行考虑。

风险水平（Risk），通过企业的杠杆率衡量，该指标反映了企业产品销售额的变动对股东利益的影响。虽然风险越高，收益越高，但家族企业的稳健特性使企业不会保持较高的风险水平。处于风险较高环境下的家族企业为了自身发展考虑，或者想办法降低企业的风险或者逐渐去家族化。

获利能力（Profit），是企业经营效果的体现，反映了企业在产品市场上的生存状况。企业的本质是利益最大化，即使家族企业具有很强的社会责任情感，依然要保证企业经营利益的实现。当企业的获利能力下降时，家族企业的持续发展受到威胁，家族成员的私有利益不能得到保证，则家族成员会逐渐脱离与企业的关系。

变量具体定义见表5-1。

表5-1　　变量定义

变量名称	变量符号	变量含义
去家族化与否	Transfer1	企业完全转让和引入外部经理人时，该值取1
	Transfer2	企业完全转让时，去家族化为1，其余为0
高科技行业	Hightech	企业处于高新行业则为1，反之为0
行业壁垒	Barriers	采用无形资产的赫芬达尔指数衡量
市场化进程	Region	采用樊纲、王小鲁等（2011）市场化进程指数
企业规模	Size	企业资产的自然对数
资本结构	Lev	企业的资产负债率
营运资本能力	Operate	总资产周转率
发展能力	Develop	营业收入增长率
风险水平	Risk	企业总杠杆系数
获利能力	Profit	营业利润率

5.4　实证检验

5.4.1　描述性统计分析结果

表5-2是全样本的描述性统计分析，从样本整体来看，引入外部经理人的家族企业大约占比11.6%，完全转让比例为16.9%，

可见，多数家族企业仍然属于家族成员管理模式。高科技行业的二值变量均值为 0.283，说明多数家族企业所处行业科技含量并不高。行业壁垒的均值为 0.026，说明多数家族企业处于行业壁垒较低的行业。

表 5-2　　全样本下描述性统计分析

Variable	Obs	Mean	Std. Dev.	Min	Max
Transfer1	6067	0.285	0.451	0	1
Transfer2	6067	0.169	0.374	0	1
Hightech	6067	0.283	0.450	0	1
Barriers	6064	0.026	0.104	0	1
Region	5955	9.377	2.045	0.38	11.8
Size	6067	21.229	1.110	18.144	24.288
Lev	6067	0.487	0.450	0.037	3.678
Operate	6045	0.664	0.480	0.023	2.807
Develop	6067	0.247	0.817	-0.811	6.490
Risk	6060	2.053	2.561	-1.848	17.959
Profit	6067	0.047	0.082	-0.429	0.302

表 5-3 是分样本描述性统计分析。表 5-3 列示了去家族化与未去家族化企业之间的横向比较，在去家族化企业样本中，去家族化企业的行业壁垒、市场进程化显著高于未去家族化企业。

表 5-3　　分样本下描述性统计分析

项目	未去家族化	去家族化	T-test
Variable	Mean	Mean	
Hightech	0.320	0.239	6.943
Barriers	0.018	0.036	-6.94
Region	8.88	8.902	16.73

续表

项目	未去家族化	去家族化	T - test
Variable	Mean	Mean	
Size	21.384	21.047	11.917
Lev	0.363	0.633	-24.393
Operate	0.698	0.624	5.965
Develop	0.194	0.309	-5.491
Risk	1.953	2.171	-3.295
Profit	0.059	0.032	12.617

5.4.2 回归分析结果

家族企业分为去家族化的企业与未去家族化的企业，为了更好地检验外部因素对企业去家族化的影响，本章的实证研究分为全样本（包含所有家族企业）和分样本（只包含去家族化的企业）的检验。

（1）高科技行业与去家族化。

表5-4列示了全样本下行业因素对家族企业去家族化影响的回归分析。由于本次回归的主要解释变量是高科技行业，因此表5-4没有控制行业因素。列（1）是家族企业研发投入水平对去家族化的影响，由表5-4可知，研发投入系数为负但是并不显著，说明企业内部研发投入水平对去家族化的抑制作用并不明显。列（2）是行业因素影响家族企业去家族化的回归分析，行业系数为负，并在1%的水平上显著，说明企业所处行业科技含量越高，家族企业越不倾向于去家族化，由此验证了假设5.1a。列（3）列示了在行业的作用下，研发投入对家族企业去家族化的交叉影响，由表5-4可知交叉项系数为负，并在5%的水平上显著，即行业的科技含量越高，增加的研发投入越多，家族企业越不轻易进行去家族化。由此验证了5.1c。

列（4）至列（6）列示了行业因素对第二类家族企业去家族化的影响。列（4）与列（1）相同，是企业研发投入水平对去家族化的影响，由表5-4可知，研发投入系数为负但是并不显著，说明企业内部研发投入水平对去家族化的抑制作用并不明显。列（5）是行业因素影响家族企业去家族化的回归分析，行业系数为负，并在1%的水平上显著，说明企业所处行业科技含量越高，家族企业越不倾向于去家族化，同样验证了假设5.1a。列（6）列示了在行业的作用下，研发投入对家族企业去家族化的交叉影响，交叉项系数为正并且不显著，因此不能证明在高科技行业中，加大研发投入是否影响企业的转让。同样验证了假设5.1c。

表5-4　高科技行业、研发投入与去家族化的回归分析

项目	(1) Transfer1	(2) Transfer1	(3) Transfer1	(4) Transfer2	(5) Transfer2	(6) Transfer2
R&D	-0.004 (-0.29)		0.009 (0.67)	-0.019 (-1.50)		-0.020 (-1.46)
Hightech		-0.129*** (-2.88)	0.785* (1.74)		-0.148*** (-2.76)	-0.447 (-0.88)
R&D × Hightech			-0.053** (-2.08)			0.017 (0.59)
Size	-0.106*** (-5.02)	-0.101*** (-5.72)	-0.113*** (-5.29)	-0.080*** (-3.52)	-0.086*** (-4.52)	-0.090*** (-3.89)
Lev	0.108** (2.12)	0.101** (2.26)	0.090* (1.74)	0.244*** (4.71)	0.249*** (5.46)	0.250*** (4.74)
Operate	0.093** (2.20)	0.085** (2.07)	0.075* (1.77)	-0.207*** (-3.99)	-0.202*** (-4.10)	-0.215*** (-4.14)
Develop	0.120*** (4.68)	0.097*** (4.31)	0.121*** (4.69)	0.175*** (6.96)	0.150*** (6.75)	0.173*** (6.86)

续表

项目	(1) Transfer1	(2) Transfer1	(3) Transfer1	(4) Transfer2	(5) Transfer2	(6) Transfer2
Risk	-0.016** (-2.02)	-0.017** (-2.28)	-0.018** (-2.27)	-0.009 (-1.05)	-0.014 (-1.61)	-0.011 (-1.24)
Profit	0.654** (2.42)	0.740*** (3.00)	0.722*** (2.66)	0.160 (0.56)	0.397 (1.52)	0.229 (0.79)
_Cons	0.553 (1.42)	0.435 (1.16)	0.545 (1.31)	-0.104 (-0.24)	-0.289 (-0.71)	0.169 (0.37)
N	5775	6038	5775	5775	6038	5775

注：括号内是参数检验的 p 值，*、**、*** 分别表示在 10%、5% 和 1% 的水平上显著。

由表 5-4 可以看出，企业所处行业的科技含量对第一类去家族化方式有显著影响，为了进一步检验，本章在不同情况下进行了回归分析。表 5-5 列示了不同上市方式下，行业科技含量与研发投入对家族企业第一类去家族化方式的交叉影响。列（1）至列（3）是在直接上市的情况下，列（1）与列（2）与前文结果一致，在此不再赘述。由列（3）可知，行业科技含量与研发投入的交叉项系数为负，并在 5% 的水平上显著，说明行业科技含量显著地加强了研发投入对企业去家族化的作用，即在直接上市的情况下，当家族企业处于高新科技行业时，研发投入越多，企业越不倾向于去家族化。

列（4）至列（6）列示了在间接上市的情况下，行业科技含量与研发投入对家族企业第一类去家族化方式的交叉影响。由列（4）和列（5）可以看出，在间接上市的情况下，行业科技含量与研发投入对家族企业去家族化没有显著影响。列（6）的行业科技含量与研发投入的交叉项系数为正，但并不显著，说明在间接上市的情况下，高科技行业与研发投入并不能影响企业的去家族化，从侧面反映出企业的科技含量对于间接上市的家族企业没有显著影响。

表 5－5　不同上市方式下高科技行业、研发投入与去家族化的回归分析

项目	(1)	(2)	(3)	(4)	(5)	(6)
	直接上市			间接上市		
	Transfer1	Transfer1	Transfer1	Transfer1	Transfer1	Transfer1
R&D	－0.003 (－0.19)		0.019 (1.00)	－0.008 (－0.49)		－0.010 (－0.52)
Hightech		－0.233*** (－4.20)	1.148** (2.00)		0.082 (1.00)	－0.083 (－0.10)
R&D × Hightech			－0.079** (－2.42)			0.006 (0.14)
Operate	0.0139 (0.26)	－0.020 (－0.37)	－0.022 (－0.40)	0.172** (2.42)	0.198*** (2.91)	0.173** (2.43)
Develop	0.180*** (4.53)	0.144*** (4.04)	0.189*** (4.66)	0.063* (1.91)	0.060** (2.08)	0.064* (1.92)
Risk	－0.009 (－0.95)	－0.013 (－1.37)	－0.012 (－1.20)	－0.036*** (－2.75)	－0.031** (－2.45)	－0.036*** (－2.70)
Profit	0.866** (2.24)	0.939*** (2.61)	0.962** (2.46)	0.719* (1.90)	0.678** (1.97)	0.704* (1.84)
_Cons	1.356*** (2.63)	1.100** (2.20)	1.423** (2.53)	0.577 (0.91)	0.560 (0.95)	0.568 (0.88)
N	4314	4437	4314	1461	1601	1461

注：括号内是参数检验的 p 值，*、**、*** 分别表示在 10%、5% 和 1% 的水平上显著。

（2）行业壁垒与去家族化。

表 5－6 列示了全样本下家族企业所处行业的进入壁垒与去家

族化关系的回归分析结果。从表5-6中可以看出，无论是第一种去家族化的方式还是第二种去家族化的方式，行业壁垒的系数均为正，并在1%的水平上显著。说明行业壁垒越高，家族企业越倾向于去家族化。由此验证了假设5.2。

表5-6　全样本下行业壁垒与去家族化的回归分析

项目	(1) Transfer1	(2) Transfer2
Barriers	1.011*** (4.35)	0.912*** (3.75)
Size	-0.104*** (-5.92)	-0.089*** (-4.65)
Lev	0.094** (2.10)	0.240*** (5.27)
Operate	0.109*** (2.67)	-0.180*** (-3.66)
Develop	0.095*** (4.22)	0.148*** (6.69)
Risk	-0.016** (-2.08)	-0.012 (-1.44)
Profit	0.696*** (2.84)	0.350 (1.35)
Industry	控制	控制
_Cons	0.437 (1.18)	-0.311 (-0.77)
N	6035	6035

注：括号内是参数检验的p值，*、**、***分别表示在10%、5%和1%的水平上显著。

表5－7是分样本回归分析，进一步检验在不同上市方式下，行业壁垒对家族企业去家族化的影响。列（1）和列（2）列示了家族企业在间接上市的情况下，行业壁垒对家族企业第一类和第二类去家族化方式的影响，行业壁垒的系数为正，并分别在5%和1%的水平上显著，说明行业壁垒越高，家族企业越倾向于去家族化。列（3）和列（4）列示了家族企业在直接上市的情况下，行业壁垒对家族企业去家族化的影响。在第一类去家族化的回归中，行业壁垒系数为正，并在1%的水平上显著，说明具有“竞争优势”的家族企业，在行业壁垒较高时，倾向于引入外部经理人维持企业的发展；在第二类去家族化的回归分析中，行业壁垒系数虽然为正，但并不显著，说明家族企业在家族的控制下，能够突破行业壁垒的影响，保持家族控制并维持企业的发展。

表5－7　不同上市方式下行业壁垒与去家族化的回归分析

项目	(1)	(2)	(3)	(4)
	间接上市		直接上市	
	Transfer1	Transfer2	Transfer1	Transfer2
Barriers	0.590** (2.13)	1.210*** (4.34)	0.785*** (3.08)	0.183 (0.58)
Size	−0.084*** (−3.04)	−0.074*** (−2.61)	−0.130*** (−5.53)	−0.095*** (−3.60)
Lev	−0.140** (−2.23)	0.050 (0.79)	0.293*** (4.48)	0.426*** (6.40)
Operate	0.209*** (3.07)	−0.290*** (−3.75)	0.023 (0.44)	−0.112* (−1.74)
Develop	0.056* (1.94)	0.122*** (4.24)	0.140*** (3.96)	0.178*** (5.16)

续表

项目	(1)	(2)	(3)	(4)
	间接上市		直接上市	
	Transfer1	Transfer2	Transfer1	Transfer2
Risk	-0.033** (-2.56)	-0.049*** (-3.40)	-0.010 (-1.05)	0.007 (0.69)
Profit	0.715** (2.09)	0.707** (2.00)	0.848** (2.38)	0.045 (0.12)
Industry	控制	控制	控制	控制
_Cons	0.686 (1.17)	-0.181 (-0.30)	0.833* (1.69)	-0.375 (-0.66)
N	1601	1601	4434	4434

注：括号内是参数检验的p值，*、**、***分别表示在10%、5%和1%的水平上显著。

表5-8检验了在较高行业壁垒和较低行业壁垒情况下，行业壁垒对家族企业去家族化的不同影响。列（1）和列（2）列示了在较高的行业壁垒条件下的分析结果，第一类去家族化方式和第二类去家族化方式的行业壁垒系数都为正，并分别在10%和1%的水平上显著，说明在较高的行业进入要求下，家族企业对于行业壁垒更加敏感，行业壁垒的提高会显著促进家族企业引入外部经理人或者转让企业。列（3）和列（4）列示了在较低的行业壁垒条件下的分析结果，其对第一类和第二类家族企业去家族化方式的影响系数都不显著，说明当行业的进入要求较低时，家族企业对于行业壁垒的提升比较迟钝，有可能是家族成员自身的管理能够应对行业壁垒变化导致的市场变化。

（3）制度背景与去家族化。

表5-9列示了不同上市方式下，市场化进程与信息透明度对企

表5-8　　不同行业壁垒情况下去家族化的分析

项目	(1)	(2)	(3)	(4)
	High		Low	
	Transfer1	Transfer2	Transfer1	Transfer2
Barriers	0.390* (1.73)	0.708*** (3.05)	6.195 (1.38)	-2.370 (-0.47)
Size	-0.048 (-1.12)	0.047 (1.04)	-0.131*** (-6.38)	-0.106*** (-4.75)
Lev	0.0837 (0.61)	0.299** (2.15)	0.0776 (1.63)	0.224*** (4.60)
Operate	0.170 (1.63)	-0.652*** (-4.17)	0.101** (2.28)	-0.130** (-2.45)
Develop	0.079 (1.30)	0.164*** (2.87)	0.099*** (4.10)	0.149*** (6.19)
Risk	-0.019 (-0.99)	0.014 (0.69)	-0.014* (-1.71)	-0.016* (-1.70)
Profit	1.211* (1.74)	-0.074 (-0.11)	0.620** (2.36)	0.448 (1.60)
Industry	控制	控制	控制	控制
_Cons	-0.640 (-0.70)	-2.832*** (-2.89)	0.983** (2.29)	0.008 (0.02)
N	822	822	5213	5213

注：括号内是参数检验的p值，*、**、***分别表示在10%、5%和1%的水平上显著。

业去家族化的交叉影响。列（1）和列（2）列示了在直接上市的情况下，市场化进程与信息透明度对家族企业去家族化的影响，列（1）是对第一种去家族化方式的交叉作用，交叉项系数为正，并在5%的水平上显著，说明在市场化进程较快的地区，会减弱企业信息透明度对去家族化的促进作用，验证了假设5.3a；列（2）是对第二种去家族化方式的交叉作用，交叉项系数为正，但并不显著，说明地区的市场化进程对企业信息透明度与去家族化没有显著作用。列（3）和列（4）列示了在间接上市的情况下，市场化进程与信息透明度对家族企业去家族化的交叉影响。列（3）是对第一种去家族化方式的交叉作用，交叉项的系数为负，并在1%的水平上显著，说明在市场化进程较快的地区，信息透明度的提高会抑制家族企业去家族化，验证了假设5.3b；列（4）是对第二种去家族化方式的交叉作用，虽然市场化进程与信息透明度的交叉项系数为负，但并不显著，说明当家族企业间接上市时，市场化进程对信息透明度与去家族化没有显著作用。

表5-9　不同上市方式下市场化进程、信息透明度与去家族化的回归分析

项目	(1)	(2)	(3)	(4)
	直接上市	直接上市	间接上市	间接上市
	Transfer1	Transfer2	Transfer1	Transfer2
Region	-0.063*** (-4.42)	-0.085*** (-5.31)	-0.032* (-1.73)	0.014 (0.72)
Transparency	-0.034*** (-4.58)	-0.024*** (-2.63)	0.039*** (3.26)	0.016 (1.37)
Region × Transparency	0.002** (2.06)	0.001 (0.50)	-0.004*** (-2.91)	-0.002 (-1.36)
Size	0.190*** (8.11)	0.159*** (5.71)	-0.049 (-1.62)	-0.029 (-0.93)
Lev	0.637*** (10.21)	0.693*** (10.86)	-0.044 (-0.73)	0.125** (2.03)
Operate	-0.135*** (-2.74)	-0.274*** (-4.35)	0.072 (1.08)	-0.397*** (-5.38)

续表

项目	(1)	(2)	(3)	(4)
	直接上市	直接上市	间接上市	间接上市
	Transfer1	Transfer2	Transfer1	Transfer2
Develop	0.164*** (4.82)	0.191*** (5.54)	0.081*** (2.82)	0.150*** (5.24)
Risk	-0.013 (-1.44)	-0.001 (-0.04)	-0.024* (-1.88)	-0.045*** (-3.11)
Profit	1.233*** (3.46)	0.513 (1.32)	0.592* (1.72)	0.530 (1.51)
Industry	控制	控制	控制	控制
_Cons	-4.249*** (-8.57)	-3.703*** (-6.19)	1.287** (2.03)	0.216 (0.33)
N	4374	4374	1556	1556

注：括号内是参数检验的p值，*、**、***分别表示在10%、5%和1%的水平上显著。

由上述结果可知，市场化进程与信息透明度的交叉作用对第一类家族企业去家族化方式具有显著影响，对第二类去家族化方式并没有显著影响，说明市场化进程可以显著地影响家族企业去家族化的方式。另外，对于不同类型的家族企业，市场化进程与信息透明度的交叉影响不同，反映出企业的经营理念不同导致不同环境下家族企业的走向不同。

表5-10列示了不同上市方式下，市场化进程与家族财富对企业去家族化的交叉影响。列（1）和列（2）列示了在直接上市的情况下，市场化进程与家族财富对家族企业去家族化的影响，列（1）是对第一种去家族化方式的交叉作用，交叉项系数为负，并在1%的水平上显著，说明在市场化进程较快的地区，家族财富越多，越不倾向于去家族化，市场化进程较快的地区，对私有产权的

保护较好，使家族成员更不愿退出；列（2）是对第二种去家族化方式的交叉作用，交叉项系数为正，但并不显著，说明地区的市场化进程对家族财富与去家族化没有显著作用。列（3）和列（4）列示了在间接上市的情况下，市场化进程与家族财富对家族企业去家族化的交叉影响。列（3）是对第一种去家族化方式的交叉作用，交叉项的系数为负，并在1%的水平上显著，说明在市场化进程较快的地区，家族财富的增加会抑制家族企业去家族化；列（4）是对第二种去家族化方式的交叉作用，交叉项系数同样显著为负，说明市场化进程较快可以使家族财富增加从而抑制企业的转让。这是由于市场化进程的加快维护了家族企业的产权，使家族企业的财富能够得到保护。

表5-10　不同上市方式下市场化进程、家族财富与去家族化的回归分析

项目	(1)	(2)	(3)	(4)
	直接上市		间接上市	
	Transfer1	Transfer2	Transfer1	Transfer2
Region	0.447*** (2.88)	-0.237 (-1.32)	0.478** (2.35)	0.923*** (3.98)
Wealth	0.106 (1.30)	-0.060 (-0.65)	0.423*** (4.22)	0.739*** (6.40)
Region × Wealth	-0.027*** (-3.17)	0.008 (0.85)	-0.031*** (-2.73)	-0.053*** (-4.06)
Size	0.127*** (4.51)	0.022 (0.66)	-0.115*** (-3.32)	-0.199*** (-5.39)
Lev	0.650*** (9.23)	0.696*** (9.63)	-0.083 (-1.19)	0.107 (1.50)
Operate	-0.155*** (-3.04)	-0.298*** (-4.47)	0.083 (1.21)	-0.424*** (-5.31)

续表

项目	(1)	(2)	(3)	(4)
	直接上市		间接上市	
	Transfer1	Transfer2	Transfer1	Transfer2
Develop	0.223 *** (6.08)	0.243 *** (6.61)	0.056 * (1.87)	0.127 *** (4.23)
Risk	-0.012 (-1.30)	0.011 (1.07)	-0.019 (-1.41)	-0.031 ** (-1.98)
Profit	0.982 ** (2.48)	-0.345 (-0.79)	0.485 (1.27)	-0.162 (-0.41)
Industry	控制	控制	控制	控制
_Cons	-5.286 *** (-3.49)	-0.007 (-0.00)	-4.294 ** (-2.39)	-9.005 *** (-4.44)
N	4221	4221	1480	1480

注：括号内是参数检验的 p 值，*、**、*** 分别表示在 10%、5% 和 1% 的水平上显著。

表 5-11 列示了不同上市方式下，地区的市场化进程与企业掏空行为对企业去家族化的交叉影响。由表 5-11 可以看出，无论是直接上市还是间接上市的家族企业，市场化进程对企业违规交易与去家族化的关系都没有显著影响，也就是说，上市公司对中小股东的掏空行为并没有因为市场化程度提高而减少。

表 5-11　不同上市方式下市场化进程、企业掏空行为与去家族化的回归分析

项目	(1)	(2)	(3)	(4)
	直接上市	直接上市	间接上市	间接上市
	Transfer1	Transfer2	Transfer1	Transfer2
Region	-0.064 * (-1.77)	-0.112 *** (-2.79)	-0.058 *** (-3.69)	-0.001 (-0.03)

续表

项目	(1)	(2)	(3)	(4)
	直接上市	直接上市	间接上市	间接上市
	Transfer1	Transfer2	Transfer1	Transfer2
Illegal	-0.421 (-0.33)	0.171 (0.13)	-0.497 (-0.27)	-0.960 (-0.52)
Region × Illegal	0.125 (0.91)	0.036 (0.24)	0.069 (0.32)	0.152 (0.72)
Size	-0.044 (-0.64)	-0.118 (-1.55)	-0.018 (-0.66)	-0.022 (-0.79)
Lev	0.964*** (4.16)	0.858*** (3.73)	-0.041 (-0.67)	0.121** (1.97)
Operate	-0.041 (-0.30)	-0.421** (-2.25)	0.066 (1.00)	-0.406*** (-5.54)
Develop	0.153 (1.35)	0.177* (1.65)	0.076*** (2.67)	0.150*** (5.26)
Risk	0.001 (0.06)	0.027 (1.47)	-0.029** (-2.24)	-0.047*** (-3.22)
Profit	3.257*** (2.98)	1.927* (1.78)	0.734** (2.13)	0.565 (1.62)
Industry	控制	控制	控制	控制
_Cons	0.304 (0.21)	2.182 (1.36)	0.919 (1.59)	0.206 (0.35)
N	469	469	1556	1556

注：括号内是参数检验的 p 值，*、**、*** 分别表示在 10%、5% 和 1% 的水平上显著。

5.5 本章小结

本章从外部因素、行业层面分析了影响家族企业去家族化的因素，使用是否处于高科技行业、行业壁垒、地区市场化进程三个代理变量，考察了行业因素对家族企业去家族化的影响。实证研究发现，企业所处行业的科技含量越高，企业的研发投入就越高，家族企业越不轻易进行去家族化。企业所处的行业壁垒越高，家族企业更易进行去家族化；对分样本的回归结果表明，间接上市的家族企业更容易受到行业壁垒的影响，导致其进行去家族化；而直接上市的家族企业对行业壁垒的变化有一定的适应度，不会轻易进行去家族化。本章还进一步检验了较高行业壁垒和较低行业壁垒对家族企业去家族化的影响，发现处于较高行业壁垒的家族企业对行业壁垒的变化更加敏感，而在较低行业壁垒环境下的家族企业对其变化则比较迟钝。制度环境并不会直接影响企业的去家族化，本章检验了地区市场化进程与企业内部因素的交叉对企业去家族化的影响，发现，市场化进程显著影响了内部因素对去家族化的作用。在家族企业直接上市的情况下，市场化进程越快，信息透明度越高，企业越倾向于去家族化；家族财富越多，家族成员越不倾向于退出；当家族企业间接上市时，市场化进程越快，信息透明度越高，家族财富越多，家族不会轻易进行去家族化。结论表明，有效提高行业技术含量、降低行业壁垒，有助于家族企业进一步扩大规模平等发展。

研究结果表明，行业因素对家族企业去家族化有显著影响，通过开放外部环境的竞争状态，有利于企业更加健康地转型发展。本章对家族企业去家族化做了进一步研究，扩展了外部环境与家族企业关系的分析，丰富了家族企业在应对外部环境变化方面互动影响的研究内容，对我国监管机构制定和完善相关行业政策具有参考意义，同时对投资者进行投资决策也具有参考价值。

第6章

去家族化后的企业绩效

前面两章分析了企业层面与行业层面影响家族企业去家族化的因素，当家族企业实施去家族化行为后，企业的绩效水平、发展水平是否比之前有所改进。对于家族企业而言，去家族化行为能否帮助企业提高绩效、改变现状。有关家族企业绩效的研究很多，本章主要分析家族企业在去家族化过程中企业绩效的变化。

6.1 问题的提出

多数文献探讨了家族企业治理结构与企业绩效的关系，一般认为，家族企业的第一类代理问题较少，企业的经营效率得到提升，公司价值有了提高。但家族企业在发展的过程中，产生了第二类代理问题，通过家族掌握了企业的控制权，控股家族有机会挖掘“控制权私利”，损害了中小股东和企业的价值。Villalonga 等（2006）的研究证明了家族成员对企业不同程度的涉入，对企业价值的影响是不同的。

我国的学者对家族企业的绩效研究也有不同看法。苏启林（2003）针对家族企业的第一类代理成本和第二类代理成本对企业价值的影响，研究发现，第一类代理成本对企业价值具有负面影响，而第二类代理成本对企业价值的影响并不确定。家族企业去家族化后，企业的第一类代理成本得到缓解，企业的价值可以得到提升。申尊焕（2004）的研究发现，家族企业的业绩呈两极分化状态。王明琳和陈凌（2010）从三个维度分析了家族控制对企业价值的影响，结果表明，在总体上家族治理降低了企业的价值，但家族所有、管理和控制三个维度之间的不同组合方式对家族治理的效果也是不一样的。徐永斌和郑金芳（2007）针对创始家族 CEO 和非创始家族 CEO 的家族企业价值进行研究，发现创始人后代任 CEO 时，会阻碍外部有能力的人才进入企业，此时家族企业的价值较低；但当创始人任 CEO 时，家族企业的价值不会变低。何轩等（2008）的研究说明了西方盛行的高管持股对家族企业价值的促进影响是不适用中国的。贺小刚等（2010）的研究表明，我国家族上市公司内部普遍存在权力偏离，而权力偏离会导致严重的代理冲突与家族问题，最终降低了家族的治理效率。而且，贺小刚等（2011）对创始人离任的研究表明，权力交接的选择对家族企业的成长有重要影响。

目前多数研究家族企业绩效的文献主要分析了企业治理结构、治理特征对家族企业绩效的影响，忽略了家族企业的动态变化。本章以资产报酬率（ROA）和权益报酬率（ROE）作为企业绩效的衡量变量，分析家族企业去家族化后绩效是否得到提升。

6.2　理论分析

6.2.1　家族控制对企业绩效的影响

家族企业作为一种效率较低的组织形式和家族持股对企业的不利影响，是有关家族企业文献中研究较多的部分。研究认为，家族持股会导致管理问题，两权合一的管理机制使控制性股东可以获取更多的私利。创始家族为了自身家族利益会牺牲其他股东的利益，例如，家族成员为了满足其在职消费的需求，会减少有关利润项目的资源与投入。在一定程度上，家族股东会将企业看作是劳务服务或者私有银行，而且，家族企业更倾向于雇佣家族成员为高级管理人员而不是引入外部专业人才。总之，与股权分散的企业相比，家族成员持有企业大量股权，两权高度合一的家族企业的发展是相对落后的。

终极控制股东为了自身的控制权私利，会向中小股东隐瞒企业的真实绩效。Morck（2005）的研究发现，终极控制人的“隧道挖掘”行为严重弱化了资本市场的资源配置功能。在中国目前的资本环境下，我国上市公司有较高的控制权收益，并且显著高于世界其他国家水平（韩德宗，2001），而且控制权转移较为频繁、企业绩效较差（赵昌文，2004）。

家族企业创建初期，家族企业占据企业大多数股权，而且家族成员往往担任重要的经济管理职位，所有者与经营者利益一致，两权合一，企业绩效较高。就企业建立初期来讲，家族企业比非家族企业在监督管理中更有优势，具有较低的第一类代理成本。但有些家族企业内部也存在较高的第二类代理成本，即控制性股东与中小股东之间的代理问题。有些家族企业采用金字塔或交叉持股方式，进行两权分离，利用“隧道”等方式掏空上市公司价值，降低了企业绩效。Bebchuk（1999）的研究认为，在法制环境不健全或者投资者保护程度较低的国家或地区，家族企业通常采用特殊的控制机制，以少量股份控制企业的经营管理。而且，La Porta（1998）发现，家族企业的代理问题主要是第二类代理，因此家族成员在控股结构中的地位越高，其现金流就越少，对中小股东的侵害就越大。

我国正处于经济转型时期，家族股东相对控股，其他中小股东适当集中，所以我国的家族上市公司在所有权和经营权层面上有双重代理关系。有学者认为我国家族企业两权分离对企业绩效有正向影响作用（申尊焕，2005），也有学者认为两权分离由于对中小股东的利益侵害，使企业经营绩效和公司价值较低（张俊喜，2004）。而徐永斌（2007）的研究则表明，在我国家族企业中，家族控制股东的所有权比例与企业绩效的关系并不同于其他地区，而是呈现出倒 U 形的关系结构。陈晓红（2007）的研究表明，家族成员的累计持股比例与公司价值是 U 形关系。

综上所述，我国家族企业中家族成员控制管理企业与企业绩效的关系并没有确定的结论。在我国的历史背景下，有的家族企业是“纯家族企业”，而有的则是改制后的家族企业。纯家族企业由创始家族一手建立，凝聚了创始家族的心血；而改制后的家族企业，有的是通过乡镇国有企业改制后转让给某家族，有的是通过集体合作社转变而来。对于不同类型的家族企业，家族成员对企业的期望也不同，因此家族成员管理企业的方式也有区别，使企业的绩效也差之千里。可见，不同的家族企业类型对企业绩效的影响是不同的。

对于纯家族企业，家族建立初期，创始人亲自管理企业，企业经营发展良好，随着企业的逐步扩大，引入外部经理人是企业发展的必由之路；引入外部经理人后，企业的业绩会得到进一步的提高。一般而言，创始家族对企业有很强的责任心和归属感，不会轻易转让企业。对于改制后的家族企业，家族成员对企业并没有过多的责任心，当企业的绩效下滑，家族成员不能从中获取更多的利益时，家族成员并不会为企业的发展引入外部经理人，最大的可能是直接转让；转让后的家族企业通过新的管理方式会重新焕发活力。

对于改制而来的家族企业，有的是由国有企业或乡镇企业等改制为承包后的民营企业，有的则是具有集体性质的私有企业与地方政府共同成立的企业。对于前者来说，国有产权的企业经过市场改制后，逐渐向产权明晰的现代企业制度发展，改制后的承包者拥有了经营管理权和部分控制权，随着企业的发展，一些问题也逐渐暴露出来，比如，企业的经营者更加关注短期绩效，而不是企业的长期发展，不利于企业的多元化发展和社会化发展。代表国家产权的利益群体与企业发展过程中的诸多目标并不完全一致，而且存在国有资本的企业中，容易出现成员“搭便车”等行为。对于后者来说，这些企业是以私人资本成立的，但是挂靠在国有或集体企业的名下，通常企业要向有关部门缴纳相应的管理费，而企业的经营者则可以出席相关政治和社会活动。该类企业虽然实际上为创业者所有，但由于事实与法律的产权不一致，使企业的财产并不能全部归属企业所有者，内部的所有权归属也容易导致争论。这使企业的创业者不能完全保护自己创造的财富，企业发展也更倾向短期化。

6.2.2 职业经理人对企业绩效的影响

家族企业成长过程中引入外部投资或者社会资本，在一定程度上可以与家族企业原有的资源形成互补，因此企业能够稳定地发展。但是很多事例表明，家族企业引入外部人才后，企业难以避免会发生不稳定的情况。Panunzi 和 Shleifer（2003）发现由创始人后代管理企业时，他们更容易做出错误的决定。外部职业经理人担任企业的 CEO 会提高家族企业的绩效水平。有研究表明，家族成员进行投资或其他盈利活动时，不会采取利润最大化的方式，而外部人员担任 CEO 时，这类情况可以在很大程度上避免。

引入外部董事有助于提高公司的绩效，可以加大对经理的监督。有研究表明，外部的董事有助于缓解股东和经理人之间的冲突，从而维护企业利益。而且，经理的在职消费和外部董事的比例具有负相关关系，董事会的独立性可以提高董事会监督管理人员的能力。

以往文献表明创始人家族可以为企业带来独一无二、价值较高的技能和资源，使家族企业有较好的绩效和良好的市场反应。但随着企业的发展，家族成员能够为企业贡献的东西越来越少，说明通过创始人具有较好绩效的家族企业通常是较为年轻的企业。当家族成员能够为企业提供的资源减少时，应当及时从外部引入专业人才，弥补相应技能和资源的空缺。储小平（2002）认为，家族企业的成长瓶颈不是金融资本，而是专业人才和管理人才这类人力资本。

引入外部职业经理人，实现两权分离，看似家族企业走向现代企业管理制度，但在中国目前的经理人市场和中国传统的家族观念中，有些外部经理人并不能很好地代替股东管理好企业。而且家族企业引入的外部经理人，在一定程度上增加了第一类代理成本。由于家族股东与管理者的目标并不完全一致，而管理者在企业的经营过程中又具有信息优势，很有可能会发生管理层背离股东的行为。以黄光裕的国美事件为例，黄光裕作为大股东阻止机构投资者进入企业，而以陈晓为代表的职业管理者却通过董事会否定了股东大会的决定。可见，外部的职业经理人有时不能维护大股东的利益，反而会利用公司章程摆脱股东对管理层的控制。

中国的经理人市场起步较晚，虽然以家族企业为代表的民营企业发展迅速，但对应的经理人市场却没有得到相应发展。主要原因在于市场环境有待完善，人们的信任程度与契约精神仍需要加强。可见，家族企业不仅需要外部职业经理人的支持，还需要家族成员的控制。如果家族成员能够稳定地控制企业，监督和约束职业经理人的行为，最大程度地保证企业利益不被损害，那么职业经理人作为企业的 CEO 是锦上添花，促使家族企业的发展更进一步；如果家族企业脱离了家族的控制，职业经理人则可以通过手中的管理权和决策权，更加方便地掏空企业，损害股东的利益。

综上所述，家族企业引入外部职业经理人对企业的影响是两方面的。若家族企业能够很好地控制企业，同时引入外部经理人，实现两权分离，则企业逐步向现代企业管理制度迈进。如果外部的经理人控制了企业，家族成员的利益势必会受到损失，而家族企业事实上也被迫进行了去家族化。

为了防止职业经理人在家族企业内部形成内部人控制，有的家族企业采用“折中治理”的方法，即虽然经理人管理企业的经营事务，但家族成员进行战略把握，也就是说，职业经理人拥有的控制权是不完整的。另外，家族企业的岗位向外界经理人也是有顺序地开放，经理人带来的风险和成本是家族成员的第一考虑。家族成员对职业经理人的防范和不信任，一方面束缚了经理人的才能，另一方面也导致了反向的不信任。

家族成员控制企业对公司价值的影响取决于不同的治理结构，家族对企业具有掏空动机的同时，也有强烈的监督意愿。除非企业不存在掏空机制，家族控制才能为企业创造价值。

6.2.3 家族企业去家族化后的绩效

家族企业走向现代企业管理是必然路径。家族企业作为家族与企业的结合体，在中国的背景下是中国传统文化与现代经济组织的结合体。韦伯和冯友兰两人曾经提出过，中国传统的家族治理企业会阻碍经济组织的发展，家族主义也会阻碍中国工业化道路的形成。目前中国多数家族企业正在由传统的家族企业向现代企业制度过渡，在这个演变的过程中，企业原有的家族观念、制度安排和企业文化都会受到冲击，家族企业的进化过程正是新制度与旧制度不断博弈的过程。对中国家族企业而言，企业的现代化发展是中西文化理性碰撞的结果。

有时退市是企业整体战略的一部分，是退市成本与收益综合权衡的结果。与此相似，家族企业进行转让也是成本与收益的权衡结果。胜任能力与职位不符的家族成员对企业绩效有严重的损害，陈凌等（2009）的研究发现，虽然现阶段与非家族企业相比，家族企业的绩效较好，但家族企业内部的成员裙带关系对企业有严重的影响。

家族现代化理论认为“现代”企业优于“传统”家族企业，与家族亲属切断关系的企业是相对进步的。该理论也在不断完善，逐渐认可了传统与现代的包容性和家族企业变迁发展路径的可能性。家族企业的演变是由传统到现代的过程，可能会趋向发达国家，但更重要的是适应了企业所处的社会和环境。

在目前的环境下，根据家族企业的所有权和控制权的不同配置，家族企业主要以三种形态发展。一是两权合一的家族企业，这类家族企业虽然积极引入外部经理人，但仍将大部分控制权集中在企业内部，家族仍是企业组织资源的主要来源。二是家族内部的两权分离。这类企业的特点是控制权和所有权在不同的家族成员手中，而且呈现不对称的效果，使家族资源配置处于差异化的状态。但这类家族企业状态不太稳定，容易使家族成员产生利益冲突或权力相争。三是家族成员与外部职业经理人共同掌握所有权和控制权，共同治理企业。在这类家族企业中，职业经理人的地位得以提升、价值得以展现，尤其是涉及战略决策方面，企业资源得以发挥作用。

随着中国资本市场的发展和法制建设的完善，不同类型的家族企业在市场中的比例也在不断地变化。当市场经济、信用体系和经理人市场越来越完善，家族企业会逐渐趋向由职业经理人掌握控制权。因为家族资源不可能在任何时段都能适应企业的发展，家族企业必须建立起有效的资源基础，重新配置企业资源，才能适应外部环境的调整和未来的动态变化。作为企业资源的核心，职业经理人形成的结构和制度规范是企业竞争优势的来源。

家族成员逐渐退出企业，外部职业经理人进入家族企业，为企业提供了新的资源，重整了企业的资源结构和组织框架，为企业未来的发展打下了基础。职业经理人进入企业，一方面可以弥补家族成员专业知识的欠缺，为专业化的管理提供更好的指导；另一方面可以按照科学方法管理人员，使家族企业中人情关系、亲属关系等不良风气得以纠正。外部管理人充当了企业管家的角色，负担起企业发展的责任，促进家族企业的进一步发展。有学者研究了家族企业去家族化对企业绩效的作用，发现引入外部经理人可以显著提升企业价值。

但是家族企业引入外部经理人也存在一定的风险。首先是信任风险，外部经理人毕竟不是家族成员，家族企业主对外部经理人有一定的防范，同样，由于外部经理人感到不被信任，对家族成员也有一定的戒备，以至于经理人的价值不能全部实现，由此家族企业引入外部经理人的效益不能最大化，甚至低于引进人才成本。其次是家族成员与外部经理人的融入风险。由于家族成员在企业内工作时间较长，有了一定的基础，并且形成了“企业是自己的”这种观念，此时从外部引入专业人才管理家族成员，可能会引起有些家族成员的反感，甚至是冲突，这种情况下企业的绩效不仅得不到提升，反而损害得更加严重。最后是代理成本的风险，引入外部经理人后，家族企业的管理目标有可能变为三个：企业绩效最大化、家族利益最大化、经理人个人利益最大化。由于职业经理人的某些行为，使家族企业的代理成本上升，在一定程度上损害了家族利益和企业利益。

家族企业去家族化的第二条路径，即将企业完全转让。这种情况多数出现于规模较小的家族企业中，发展过程中遇到瓶颈无法解决，而且企业规模较小没有传承下去的必要，家族成员会在企业市场价值较高的时点将其转让，由此获得大额的收益。这种情况下的转让，企业的价值一般处于较高的阶段，家族成员转让也是为了自身的利益。转让后的企业价值如何则要根据其后的管理得知。

根据以上分析，我们提出如下假设。

假设 6. 1a：家族企业的去家族化可以显著提升企业绩效。

假设 6. 1b：家族企业的去家族化不能显著提升企业绩效。

6. 3 研究设计

6. 3. 1 样本选择与数据来源

目前家族企业尚未有统一的定义，这也为家族企业的研究增加了难度。借鉴以往的文献（Anderson 和 Reeb，2012；许静静和吕长江，2011；贺小刚和连燕玲，2009），从家族企业所有权和控制权角度出发，对家族企业定义如下：（1）企业的最终控制人能够追踪到个人或者家族；（2）最终控制人直接或间接是上市公司第一大股东；（3）企业的董事长或者总经理由家族成员担任。我们选择了 2005—2014 年的初始样本，在剔除数据缺失的观测值后，确定了一个全样本和两个分样本。一个分样本是去家族化的家族企业，有 2769 个公司—年度观测值；另一个分样本是没有去家族化的家族企业，有 3298 个公司—年度观测值。全样本包含两个分样本在内，即包含所有去家族化和未去家族化的企业。通过人工收集整理企业的年报，得到了家族成员任职企业董事长或总经理的相关数据。企业的跟踪分析师人数的缺省值采用 0 处理，其他数据均来自国泰安 CSMAR 数据库。在分析过程中，对所有的连续变量进行了上下 1% 样本的 Winsorize 处理。

6.3.2　研究变量的定义与模型建立

为验证上文中提出的研究假设，我们构建以下模型。

$$\text{Performance} = \alpha_1 \text{Transfer} + \alpha_2 \text{Control Variables} + \varepsilon$$

被解释变量（Performance）为企业绩效，采用资产报酬率（ROA）、权益报酬率（ROE）作为代理变量，衡量企业的绩效水平。解释变量（Transfer）为二值变量，当企业出现去家族化现象则为 1，反之为 0。

公司规模（Size）。家族企业成立初期，企业规模较小，相应的管理成本较低，对职业经理人的需求也较低，企业由家族控制和管理是实现价值最大化的有效途径。随着企业的不断发展壮大，企业规模也逐渐扩大，仅有家族成员管理已不能满足企业的发展需求，此时家族企业对外界专业人才的需求开始增加。当家族企业不断地扩大，对资金和人才的要求会进一步上升，家族企业的股权会进一步分散，则企业去家族化的程度更加深入。可见，公司规模对家族企业去家族化的深刻影响。

资产负债率（Lev）。资产负债率是企业资本结构的重要体现，家族企业发展初期，对资金需求不大，通过家族成员的筹集能够满足企业发展需要。当家族企业的经营规模逐渐扩大后，对资金的需求也急剧上升，此时家族筹集已不能满足需求，则需要通过其他途径解决。由于我国资本市场发展有待完善，家族企业进行股权融资具有一定困难。有研究表明，银行借贷仍是私营企业筹资的主要途径（陈等，2013）。家族企业天然的求稳意识，使企业的资本结构不会过于失衡，当资产负债率较高时，说明家族企业的经营管理可能面临困难。

营运资本能力（Operate），该指标可以体现企业短期资产的流动能力，反映企业的流动性。家族企业的经营更加注重资金的流动性，因此营运资本能力在一定程度上能够反映家族企业的资金流动现状。当营运资本能力较弱时，说明企业的短期偿债和资产利用率出现问题，会影响企业的流动资金和资本结构等，进一步对企业去家族化产生影响。

发展能力（Develop），采用营业收入增长率衡量，反映企业的成长状况。创始家族创立企业是希望将企业传承下去，那么企业的发展能力则是非常重要的；另外，有些家族成员管理企业是希望在合适的时机将企业出售获得巨大经济回报，而企业的发展能力可以提高企业出售时的价格。因此企业发展能力对家族企业去家族化的影响要从企业上市目的等方面进行考虑。

风险水平（Risk），通过企业的杠杆率衡量，该指标反映了企业产品销售额的变动对股东利益的影响。虽然风险越高，收益越高，但家族企业的稳健特性使企业不会保持较高的风险水平。处于风险较高环境下的家族企业为了自身发展考虑，或者想办法降低企业的风险或者逐渐去家族化。

获利能力（Profit），是企业经营效果的体现，反映了企业在产品市场上的生存状况。企业的本质是利益最大化，即使家族企业具备较强的社会责任情感，依然要保证企业经营利益的实现。当企业的获利能力下降时，家族企业的持续发展受到威胁，家族成员获得的控制权私利也不能得到保证，则家族成员会逐渐脱离与企业的关系。

变量具体定义见表 6－1。

表 6－1　　变量定义

变量名称	变量符号	变量含义
去家族化与否	Transfer1	企业完全转让和引入外部经理人，该值取 1
	Transfer2	企业完全转让时，去家族化为 1，其余为 0
资产报酬率	ROA	企业净利润与总资产的比值
权益报酬率	ROE	企业净利润与所有者权益的比值
两权分离度	CV	企业实际控制人所有权与控制权的比例之差
企业年龄	Age	企业报告年限与成立年限之差
企业规模	Size	企业资产的自然对数
资本结构	Lev	企业的资产负债率

6.4　实证检验

6.4.1　描述性统计分析

表 6－2 列示了本章实证研究所使用变量的描述性统计分析。在全样本中，资产报酬率（ROA）的均值约为 0.035，权益报酬率（ROE）的均值约为 0.074，均值较低，说明家族企业的绩效水平普遍不高。

表 6－2　　描述性统计分析

Variable	Obs	Mean	Std. Dev.	Min	Max
ROA	6067	0.035	0.089	－0.494	0.270
ROE	6067	0.074	0.233	－1.187	1.258
Transfer1	6067	0.285	0.451	0	1
Transfer2	6067	0.167	0.374	0	1
CV	5935	0.774	0.252	0.045	1
Age	6067	12.061	5.530	0	34
Size	6067	21.229	1.110	18.143	24.288
Lev	6067	0.487	0.450	0.037	3.678

6.4.2　回归分析

（1）全样本回归分析。

表 6－3 列示了全样本下家族企业去家族化对绩效的影响。列（1）和列（2）是去家族化对资产报酬率（ROA）的影响，第一类去家族化方式（Transfer1）的系数为正，并在 1% 的水平上显著，说明家族企业引入外部职业经理人对企业绩效有显著的提升效果；第二类去家族化方式（Transfer2）的系数同样为正，但并不显著，也就是说，企业转让对家族企业的绩效并没有显著影响。列（3）和列（4）是去家族化对权益报酬率（ROE）的作用，同资产报酬率相同，第一类去家族化方式的系数为正，并在 10% 的水平上显著；第二类去家族化方式的系数为负，也并不显著。所有的回归进行了年度控制。结果表明，不同的去家族化方式对企业绩效的影响是不同的，家族企业引入外部经理人可以显著提高企业绩效，而将企业转让对企业绩效作用并不大。

表 6-3　　全样本下去家族化与绩效的回归分析

项目	(1)	(2)	(3)	(4)
	ROA	ROA	ROE	ROE
Transfer1	0.006*** (2.64)		0.013* (1.78)	
Transfer2		0.004 (1.31)		-0.003 (-0.39)
CV	0.013*** (2.90)	0.011*** (2.63)	0.046*** (3.62)	0.045*** (3.50)
Age	-0.001** (-2.14)	-0.001* (-1.70)	-0.001 (-0.78)	-0.001 (-0.08)
Size	0.011*** (11.12)	0.011*** (11.05)	0.016*** (5.71)	0.016*** (5.56)
Lev	-0.082*** (-33.43)	-0.082*** (-33.11)	0.027*** (3.73)	0.028*** (3.90)
Industry	控制	控制	控制	控制
_Cons	-0.199*** (-9.41)	-0.198*** (-9.33)	-0.362*** (-5.77)	-0.356*** (-5.68)
N	5935	5935	5935	5935

注：括号内是参数检验的 p 值，*、**、*** 分别表示在 10%、5% 和 1% 的水平上显著。

根据 Villalonga 和 Amit（2006）的研究，家族企业或者追求企业利益，或者追求家族的控制权利益，因此家族企业上市的目的是不同的。为了检验家族企业去家族化方式对不同类型家族企业的影响，本章仍然按照企业上市方式将家族企业分为直接上市和间接上市两组。

表 6-4 是直接上市方式下的回归分析，这类家族企业注重公司发展，希望家族能够与企业一同成长。列（1）和列（2）列示

了两种去家族化方式对资产报酬率（ROA）的影响，第一种和第二种去家族化的方式系数都为正，并分别在1%和5%的水平上显著，说明对于直接上市的家族企业，引入外部经理人和转让企业对资产报酬率都有显著的提升作用。列（3）和列（4）列示了去家族化方式对权益报酬率（ROE）的影响，第一种去家族化方式系数为正，并在5%的水平上显著；第二种去家族化方式的系数为正，但并不显著。

表6-4　直接上市方式下去家族化与绩效的回归分析

项目	(1)	(2)	(3)	(4)
	ROA	ROA	ROE	ROE
Transfer1	0.009*** (3.15)		0.017** (2.27)	
Transfer2		0.009** (2.48)		0.006 (0.60)
CV	0.008* (1.72)	0.006 (1.27)	0.035*** (2.74)	0.031** (2.44)
Age	-0.001* (-1.85)	-0.001* (-1.68)	-0.001** (-2.05)	-0.001 (-1.62)
Size	0.009*** (8.62)	0.009*** (8.64)	0.017*** (5.93)	0.017*** (5.84)
Lev	-0.080*** (-26.56)	-0.080*** (-26.27)	0.014* (1.73)	0.016* (1.89)
Industry	控制	控制	控制	控制
_Cons	-0.152*** (-6.57)	-0.151*** (-6.51)	-0.324*** (-5.20)	-0.318*** (-5.12)
N	4362	4362	4362	4362

注：括号内是参数检验的p值，*、**、***分别表示在10%、5%和1%的水平上显著。

表6－5是间接上市方式下的回归分析，在前面的章节已说明，间接上市的企业更注重控制权私利的获得，第二类代理成本较高。列（1）和列（3）列示了两种去家族化方式对资产报酬率（ROA）的影响，第一种和第二种去家族化的方式系数都为正，但并不显著。列（2）和列（4）列示了家族企业去家族化方式对权益报酬率（ROE）的影响，第一种去家族化方式的系数为正，第二种去家族化方式的系数为负，但并不显著。结果表明，在间接上市方式下，家族企业引入外部经理人或者转让企业并不能对企业绩效有显著的提升作用。

表6－5　间接上市方式下去家族化与绩效的回归分析

项目	(1)	(2)	(3)	(4)
	ROA	ROE	ROA	ROE
Transfer1	0.008 (1.62)	0.021 (1.23)		
Transfer2			0.002 (0.39)	−0.005 (−0.28)
CV	0.014 (1.43)	0.044 (1.38)	0.014 (1.48)	0.048 (1.50)
Age	0.001 (1.51)	0.004** (2.27)	0.001* (1.70)	0.005** (2.51)
Size	0.014*** (6.50)	0.020*** (2.84)	0.013*** (6.40)	0.019*** (2.72)
Lev	−0.080*** (−17.59)	0.043*** (2.86)	−0.081*** (−17.64)	0.042*** (2.82)
Industry	控制	控制	控制	控制
_Cons	−0.290*** (−6.23)	−0.528*** (−3.45)	−0.286*** (−6.14)	−0.513*** (−3.35)
N	1573	1573	1573	1573

注：括号内是参数检验的p值，*、**、***分别表示在10%、5%和1%的水平上显著。

全样本和分样本的回归分析表明，对于看重企业发展、偏重企业竞争优势的家族企业，引入外部职业经理人可以更好地提升企业绩效水平，而对偏重控制权私利的企业而言，无论是引入外部人才还是转让企业，都不能对企业的发展有良好帮助。

（2）分样本检验：家族企业去家族化前的绩效与未去家族化的企业绩效相比。

表6－6列示了去家族化的企业在转型前，其绩效与其他家族企业的对比分析。在家族企业去家族化之前，企业的资产报酬率（ROA）约为－0.004，显著低于未去家族化企业的资产报酬率0.052；企业的权益报酬率（ROE）约为0.031，同样显著低于未去家族化企业的ROE均值0.083。另外，本章还比较了去家族化企业与未去家族化企业的第二类代理成本，结果发现，去家族化企业的第二类代理成本显著高于未去家族化企业的代理成本。

表6－6　　去家族化前的企业绩效横向比较

项目	未去家族化企业组		去家族化前的企业组		T检验
	均值	标准差	均值	标准差	
ROA	0.052	0.001	－0.004	0.004	－20.488
ROE	0.083	0.002	0.031	0.011	－7.281
RPT	0.834	0.007	0.863	0.011	2.242

（3）家族企业去家族化前后的绩效比较。

表6－7列示了家族企业去家族化前后的绩效变化。列（1）和列（2）列示了两种去家族化方式对资产报酬率（ROA）的影响，第一种去家族化方式的系数为正，并在1%的水平上显著；第二种去家族化方式的系数虽然为正，但并不显著。列（3）和列（4）列示了两种去家族化方式对权益报酬率（ROA）的影响，同资产报酬率（ROA）结果相同，第一种去家族化方式的系数为正，并在1%的水平上显著；第二种去家族化方式的系数虽然为正，但并

不显著。该结果表明家族企业保持家族的控制，引入外部职业经理人可以弥补家族成员自身的不足，从而促进企业发展；将企业转让或出售对企业而言都没有显著的影响。

表6－7　　去家族化前后的绩效纵向回归分析

项目	(1)	(2)	(3)	(4)
	ROA	ROA	ROE	ROE
Transfer1	0.025 *** (5.63)		0.046 *** (3.28)	
Transfer2		0.007 (1.46)		0.002 (0.14)
CV	0.014 * (1.83)	0.014 * (1.82)	0.056 ** (2.40)	0.059 ** (2.49)
Age	－0.001 ** (－2.23)	－0.001 (－1.44)	0.001 (0.08)	0.001 (0.69)
Size	0.008 *** (4.65)	0.008 *** (5.02)	0.013 ** (2.52)	0.014 *** (2.73)
Lev	－0.045 *** (－18.97)	－0.045 *** (－18.84)	0.026 *** (3.50)	0.026 *** (3.51)
Industry	控制	控制	控制	控制
_Cons	－0.180 *** (－4.94)	－0.191 *** (－5.21)	－0.324 *** (－2.83)	－0.346 *** (－3.02)
N	2684	2684	2684	2684

注：括号内是参数检验的p值，*、**、***分别表示在10%、5%和1%的水平上显著。

表6－8列示了在第一种去家族化方式下，家族企业去家族化前后的绩效变化。可以看出，企业在引入外部经理人之前，资产报酬率（ROA）的均值约为－0.004，权益报酬率（ROE）的均值约

为0.031，显著低于家族企业去家族化后的资产报酬率（ROA）0.027、权益报酬率（ROE）0.082。该结果表明，当家族企业吸收更多的外部专业人才时，企业的绩效水平明显提高。

表6-8 采用第一种去家族化方式前后的绩效纵向比较

第一种去家族化方式	去家族化前		去家族化后		T检验
	均值	标准差	均值	标准差	
ROA	-0.004	0.004	0.027	0.003	-6.985
ROE	0.031	0.011	0.082	0.007	-4.039

表6-9列示了在第二种去家族化方式下，家族企业去家族化前后的绩效变化。可以看出，企业更换实际控制人之前，资产报酬率（ROA）的均值约为0.013，与去家族化后的企业资产报酬率（ROA）0.019相比，并没有显著区别。权益报酬率（ROE）的均值约为0.054，低于去家族化后的权益报酬率（ROE）0.076。该结果表明，当家族企业更换实际控制人（转让或出售）后，企业绩效的提升非常微弱，甚至没有变化。

表6-9 采用第二种去家族化方式前后的绩效纵向比较

第二种去家族化方式	去家族化前		去家族化后		T检验
	均值	标准差	均值	标准差	
ROA	0.013	0.003	0.019	0.004	-1.459
ROE	0.054	0.008	0.076	0.011	-1.724

（4）分样本检验：家族企业去家族化后的绩效与未去家族化的企业绩效相比。

表6-10列示了去家族化后的企业与未去家族化企业的绩效水平比较。未去家族化企业的资产报酬率（ROA）的均值为0.052，显著高于去家族化后企业的资产报酬率（ROA）0.027；未去家族化企业的权益报酬率（ROE）的均值为0.083，虽然高于去家族化

后企业的权益报酬率（ROE）0.082，但并不显著。对比结果可以看出，去家族化后的企业，其绩效水平虽然不及未去家族化企业的绩效，但在一定程度上降低了两者之间的差距，说明家族企业的去家族化能够减小与优秀家族企业的差距。

表 6－10　去家族化后与未去家族化企业的绩效横向比较

项目	未去家族化企业组		去家族化后的企业组		T 检验
	均值	标准差	均值	标准差	
ROA	0.052	0.001	0.027	0.003	-11.369
ROE	0.083	0.002	0.082	0.007	-0.251

6.5　本章小结

本章研究了家族企业去家族化前后企业绩效的变化。首先，本章在所有样本下对家族企业去家族化与企业绩效进行回归，结果表明，引入外部经理人的去家族化方式对企业绩效有显著提升效果，而企业转让的去家族化方式对企业绩效没有显著作用。而且，在不同上市类型的家族企业中，吸收外部专业人才对直接上市的家族企业帮助最大，对于间接上市的家族企业没有显著作用；企业转让在一定程度上提升了直接上市家族企业的绩效水平，对于间接上市的家族企业仍然没有显著影响。其次，本章通过去家族化的企业与未去家族化企业之间的横向对比，发现企业去家族化前，其绩效已经显著低于其他家族企业；当企业去家族化后，与其他企业的绩效水平差距缩小。最后，本章针对去家族化的企业进行了纵向分析和比较，发现引入外部经理人可以显著提高企业绩效水平，但企业变更实际控制人（转让或出售）对企业绩效的影响不大。

本章讨论了家族企业去家族化方式对企业绩效的影响，发现不同的去家族化方式对企业绩效水平的影响也不同。同时也从家族企业上市方式角度出发，验证了不同的去家族化方式对不同类型家族企业的作用，进一步丰富完善了家族企业及其绩效的相关文献。

本章的研究存在以下局限。首先，分析企业绩效水平时，只选择了资产报酬率（ROA）和权益报酬率（ROE）两个指标，限于数据的可获得性，没有考察家族企业去家族化对家族上市公司的市场反应；其次，对于家族企业去家族化前后的时间界定，与事实也存在一定的出入，由于数据获得的原因，本章选择了引入外部经理人或者变更实际控制人的当年。最后，家族企业去家族化对企业的行为有何影响，还需要进一步的研究。

第 7 章
去家族化与融资约束

7.1　问题的提出

“子承父业”强调了家族观念至上，但近年来却遭遇了极大的挑战。伴随着我国 40 多年的改革发展，第一批个体经营户或夫妻店已成为大中型企业，而第一代创业者也逐渐步入老年，这些企业如今面临的最现实问题是如何交接与传承。2012 年，美的集团七十岁的何享健将权力移交给方洪波，而自己的儿子何剑锋选择独立创业。这并非个例，2017 年《中国企业家调查报告》指出，相当比例的企业主不会选择子女作为继任者。主要原因可以归结为后代子女继承企业的意愿并不强烈，甚至开辟新领域，这导致企业不可避免地选择去家族化。

在 2019 年的政府工作报告中，李克强总理多次提及“融资”，“融资难、融资贵”是民营企业面临的一大难题。国有企业占用了大量的政治资源和经济资源，使民营企业不可避免地面临融资困境，而中国的民营企业主要由家族企业组成，因此家族企业的融资现状不容乐观。尤其是近年来，国内经济结构调整，经济增速减缓，宏观环境的不确定使企业融资更加艰难。融资约束不仅严重影响企业的绩效与发展，还阻碍了宏观层面的经济发展。家族企业最初的治理结构多数是两权合一，虽然可以解决第一类代理问题，但会导致较严重的第二类代理问题，致使外部投资者无法获得企业更多的信息，以至于利益受到侵害。在这种情况下，企业外部融资将会减少，外部投资者的意愿也会下降。可见，去家族化和融资约束的研究具有重要的学术意义和现实意义。

对家族企业而言，企业由家族控制和管理，更倾向于处于模糊的环境中。模糊的环境增加了信息不对称的程度，投资会更加依赖内部现金流，投资对现金流的敏感性增强，企业外部融资的约束增大。通过去家族化，外部人员的加入可以提升企业管理水平，更好地把握投资机会，提升企业声誉，同时，注重外部渠道获得的信息，降低了企业内外部的信息不对称，而且外部人员加入家族企业也会带来新的资金和技术，使企业现金流更加充足，从而降低了融资约束。

本章以 2005—2014 年中国家族上市公司为样本，检验了家族企业不同的去家族化方式能否缓解企业资金约束，并分析了不同情况下不同去家族化方式的影响效果。结果发现，去家族化能显著降低投资—现金流的敏感性，而且，非高新行业的家族企业更适合去家族化；在企业直接上市的情况下，引入外部经理人更能缓解融资约束；企业透明度较高时，两种去家族化方式都能够缓解企业的融资约束。本书进一步对作用机制进行了研究，采用银行贷款和外部融资总量作为企业融资效果的衡量指标，结果发现，去家族化后，银行贷款和外部融资总量显著上升。

本研究有重要的理论和实践意义。以往文献多数讨论家族企业与非家族企业之间在公司治理、企业绩效方面的差异，对家族企业自身的变化涉及较少，本书从家族企业动态发展角度出发，研究了企业的去家族化对企业融资约束的影响，补充了家族企业可持续发展的相关文献。同时，本书进一步发现上述结果在不同的行业和特定竞争环境中存在较大差异，表明去家族化所导致的经济后果并不能一概而论，为我国家族企业转型带来更多实践意义。

7.2　理论分析与研究假设

7.2.1　引入外部经理人与企业融资约束

信息不对称是导致企业融资约束的原因之一。家族企业成立伊始，两权合一对企业的有效运作和灵活反应提供了较大帮助，同时存在较严重的第二类代理问题，损害了中小股东的利益，主要原因是中小投资者在企业内部没有发声的机会和权力。外部经理人的加入为企业与中小投资者搭建了桥梁，减轻了内外部投资者的矛盾，李欢等（2014）验证了家族企业引入外部经理人可以降低企业的第二类代理成本。外部经理人提供的信息渠道增加，外部投资者获得的信息增多，信息不对称的程度降低，因此企业获得融资的可能性也就越大。

首先，引入职业经理人能有效遏制家族成员侵占企业利益，提升企业声誉，向投资者传递有利信号（姜付秀等，2017）。家族管理的企业中，家族成员可能采取多种方式侵占企业利益，例如，资金占用、关联交易、支付超额薪酬等；同时家族管理可能因为较多的控股股东代理问题，使担保贷款增多、债务期限较短。这些问题有损家族企业声誉，导致投资者提供融资的意愿下降。而职业经理人很看重自身的声誉，因为声誉受损会导致其失去未来的就业机会和薪酬水平下降，因此会连带关注企业声誉。在职业经理人声誉机制的影响下，外部管理人员会修正家族企业不好的行为，减少控股股东利益攫取，提升企业外部形象。声誉提升后的家族企业不仅可以增加投资者向企业提供资金的机会，还能够降低债权人的风险，吸引更多的债权人，从而缓解企业的融资约束。

其次，职业经理人可以弥补家族企业在规范管理和专业知识方面的不足，提高企业在融资环境中的议价能力。专业的决策依托专业知识和专业经历，在一个领域内长期任职会使职业经理人具备专业技能和认知，从而更有效地解读相关信息，做出更合理的决策，因此在进行融资时企业的议价能力得到了提升，有利于解决企业融资过程中的问题。

最后，家族外部人员担任管理者会增加投资者从外部获得企业信息的渠道，降低企业内外部的信息不对称。由于家族成员天然的便利性，能够从企业中更方便地获得隐性福利，导致家族成员保持企业模糊性的动机更加强烈。许静静（2015）的研究发现，与外部经理人相比，家族股东担任 CEO 对企业特质信息披露的需求较低，这说明外部经理人需要从外部获得更多信息进行决策。因此外部经理人对外部信息渠道的依赖性更强，引入外部经理人有助于增加投资者获取企业信息的渠道，提高企业的信息透明度，从而降低投资者的信息不对称，更好地吸引外部投资者。

基于此，本书提出假设 7.1：引入外部经理人能够缓解企业的融资约束。

7.2.2 转让企业与融资约束

转让企业是家族成员将企业所有权交付其他企业以换取相应的资金。通常来说，家族企业是家族的财富，家族成员不会轻易转让企业。因此转让家族企业会有两种情况。一种情况是被迫转让，家族企业经营失败，资金链断裂，为了防止更大的亏损，家族无奈只能放弃企业。当家族企业被迫转让时，说明企业已无法进行融资维持日常经营，而收购该家族企业的公司则具备相应的财力与资本，也有更多的渠道吸收新的资本，因此这类家族企业转让后能够极大地缓解企业的融资约束。另外一种情况是主动转让，家族企业属利益驱动型，上市的目的是获得更多现金流，利用转移、掏空等手段追求自身利益的动机增强。当企业成功吸引到投资者后，家族成员会将企业直接转让获得股权溢价。这类家族企业更多的是家族成员获得控制权私利的工具，家族成员获得利益的同时却只需要承担一部分经济后果。这种情况下投资者预期未来的投资存在较大的风险，因此会要求更高的风险溢价，从而提高企业的融资成本。另外，利益驱动型家族企业的信贷风险增加，导致银行贷款要求增加，额度降低，提高了企业债务代理成本，使企业融资约束程度较高。家族企业转让后，中小投资者的利益侵占减少，外部融资渠道得到有效扩张。

基于此，本书提出假设7.2：转让企业能够缓解企业的融资约束。

7.3　研究设计

7.3.1　样本选择与变量定义

企业在去家族化的过程中通常有两种路径。其一，引入职业经理人经营企业，继续保持家族的控制权；其二，部分或者全部转让企业的股权，同时丧失对家族企业的控制权和经营权。

目前学术界对于家族企业并没有统一的定义，本书根据以往文献（Anderson 和 Reeb，2003；陈德球等，2013），结合本书研究对象，通过两个独立的标准界定家族企业。第一个标准要求家族企业满足以下三个要求：（1）实际控制人可追溯到家族或个人；（2）该家族或个人为公司第一大股东；（3）企业创始人或家族成员担任董事长或总经理。符合这类标准的家族企业，引入外部经理人即认为进行了去家族化，将其定义为“引入外部职业经理人”去家族化。

第二个标准要求家族企业满足以下两个要求：（1）实际控制人可追溯到家族或个人；（2）该家族或个人为公司第一大股东。符合这类标准的家族企业，当家族成员放弃所有权时即认为进行了去家族化，将其定义为“转让企业”去家族化。根据以上标准，本书选择2005—2014年的家族企业，并删除数据缺失的样本，共得到3868个样本，其中，通过引入外部经理人去家族化的企业有1061个样本，通过放弃所有权去家族化的企业有556个样本。我们根据年报和网站等公开信息渠道手工收集整理家族企业去家族化的方式和时间，其他数据来自国泰安数据库，在分析过程中，对所有连续变量进行了上下1%样本的Winsorize处理。

7.3.2 实证模型与变量定义

针对上文的研究假设，本书将“去家族化的企业”作为处理组，“未去家族化的企业”作为对照组，建立如下双重差分模型：

$$\begin{aligned}Investment_i = {} & \beta_0 + \beta_1 CashFlow_i + \beta_2 CashFlow_i \times Transfer \\ & + \beta_3 Post + \beta_4 CashFlow \times Transfer \times Post \\ & + \beta_5 Control\ Variable_i + \theta_i\end{aligned}$$

Post为组间虚拟变量，对于处理组的企业取值为1；对于对照组的企业，则取值为0。Transfer为时间虚拟变量，家族企业变成非家族企业后的年份，Transfer取值为1。其中，由于去家族化通过两种方式衡量，一种是引入外部经理人，另一种是转让企业，因此Transfer分为Transfer1和Transfer2两种情况。CashFlow × Transfer × Post为CashFlow、Transfer、Post三者的交叉项，该交叉项的系数是本书研究的核心，它衡量了家族企业进行去家族化对企业融资约束的净影响，如果该系数显著为负，说明去家族化缓解了企业的融资约束，反之，则说明去家族化不能缓解融资约束。为了更好地说明去家族化与投资—现金流之间的关系，后文中的所有回归分析均采用双重差分法，所有的回归结果均为控制内生性后的结果。

融资约束是指企业内部缺乏自有资金，寻求外部融资时出现的摩擦，内生于企业的融资需求（Ben - Nasr等，2015）。融资约束可能会导致企业投资不足，企业内部的投资—现金流敏感性反映了其面临的约束程度。因此本书通过投资—现金流敏感性衡量融资约束，投资—现金流越大，融资约束越大，反之，融资约束越小。

根据以往文献（姜付秀等，2016），模型中被解释变量 $Investment_i$ 为企业投资，衡量变量为公司资本投资水平/期初总资产，投资水平为公司购建固定资产、无形资产和其他长期资产所支付的现金；$CashFlow_i$ 为企业现金流，衡量变量为公司经营活动现金流/期初总资产；Transfer 为去家族化的哑变量，当家族企业转变为非家族企业时，则取值为1，否则取值为0。

控制变量采用了企业规模、资本结构、两权分离、公司价值、企业发展能力。此外，我们控制了行业、地区和年份因素，行业分类按照中国证监会行业分类标准，选择首位字母代码，其中，制造业选择前两位代码，样本分布47个行业，文中设置46个行业虚拟变量；样本企业分布于东北、华北、华东、华中、华南、西北、西南地区，设置了6个地区虚拟变量，同时设置了9个年度虚拟变量。主要变量定义如表7－1所示。

表7－1　　变量定义

变量名称	变量符号	变量定义
企业投资	Investment	公司购建固定资产、无形资产和其他长期资产所支付的现金/期初总资产
企业现金流	CashFlow	公司经营活动现金流/期初总资产
去家族化	Transfer	当家族企业转变为非家族企业时，则取值为1，否则取值为0
企业规模	Size	企业总资产的自然对数
资本结构	Lev	企业的资产负债率
两权分离	Diff	实际控制人所有权比例与控制权比例的差额
公司价值	TobinQ	（年末流通市值＋非流通股份占净资产的金额＋长期负债＋短期负债）/总资产
企业发展能力	Develop	营业收入增长率

7.4 实证检验

7.4.1 描述性统计

表7－2报告了主要变量的描述性统计结果，企业投资的平均值为0.056，最大值为0.233，最小值为0.001；现金流的平均值为0.033，最大值为0.253，最小值为－0.192，说明企业之间的投资水平和现金流差异较大。引入外部经理人的平均值为0.269，说明多数企业仍保留家族管理；企业转让的平均值为0.141，说明家族完全退出企业的数量占比较少。公司价值的平均值为0.408；企业营业收入增长率的平均值为0.223；企业规模的平均值为21.393；资产负债率的平均值为0.420；实际控制人两权分离度的平均值为7.585。

表7－2　　　　描述性统计

Variable	观测值	平均数	标准差	最小值	最大值
Investment	3868	0.056	0.050	0.001	0.233
CashFlow	3868	0.033	0.071	－0.192	0.253
Transfer1	3868	0.269	0.443	0	1
Transfer2	3868	0.141	0.348	0	1
TobinQ	3868	0.408	0.210	0.037	0.885
Develop	3868	0.223	0.475	－0.687	3.195
Size	3868	21.393	0.989	19.286	24.302
Lev	3868	0.420	0.208	0.045	0.899
Diff	3868	7.585	8.675	0	44.477

表7－3和表7－4是针对不同的去家族化方式前，家族企业之

间的横向对比。表7－3报告了引入外部经理人前，去家族化的企业与未去家族化的企业之间的对比。去家族化样本指的是去家族化的企业在未引进经理人之前的样本，未去家族化样本指的是始终没有去家族化的企业。从表7－3中可以看出，去家族化的企业在引入外部经理人前投资平均值为0.049，未去家族化企业的投资平均值为0.063，两者差异显著，可见，企业在引入外部经理人前已经表现出较少的投资和较低的现金流水平。并且从企业的成长和规模来看，企业在去家族化前，营业收入增长率平均值为0.153，企业规模平均值为21.067，资产负债率平均值为0.483，已经显著低于未去家族化企业的成长性和规模，其平均值分别是0.220和21.401。去家族化的企业在引入外部经理人前，其两权分离度同样显著高于未去家族化企业，说明该类家族企业所有权与控制权分离度较高。

表7－3　　家族企业引入外部经理人前横向比较

项目	去家族化样本		未去家族化样本		T－检验
	观测值	平均数	观测值	平均数	
Investment	399	0.049	2486	0.063	－5.066
CashFlow	399	0.031	2486	0.034	－0.894
TobinQ	399	0.477	2486	0.365	10.44
Develop	399	0.153	2486	0.220	－3.122
Size	399	21.067	2486	21.401	－6.720
Lev	399	0.483	2486	0.383	9.328
Diff	399	8.819	2469	6.687	4.624

表7－4报告了去家族化的企业在转让前，与其他家族企业的横向对比。去家族化样本指的是去家族化的企业在未转让之前的样本，未去家族化样本指的是始终没有去家族化的企业。从表7－4中可以看出，家族企业转让前的投资水平为0.049，显著低于未转让的家族企业，其投资水平为0.060；家族企业转让前的现金流为

0.034，未转让的家族企业现金流为0.036，两者并没有显著差异。企业转让前的规模显著小于未转让的企业，说明家族退出时的企业规模相对较小，很可能是因为没有形成规模效应或内部侵占过于严重导致规模无法扩大。家族企业转让前的资产负债率显著高于未转让的家族企业，说明转让前家族企业的负债率已经较高。进行转让的家族企业实际控制人的两权分离度显著高于未进行转让的家族企业，在一定程度上说明企业转让前，企业的第二类代理问题比较严重。

表7-4　家族企业转让前横向比较

项目	去家族化样本		未去家族化样本		T-检验
	观测值	平均数	观测值	平均数	
Investment	266	0.049	3124	0.060	-3.521
CashFlow	266	0.034	3124	0.036	-0.510
TobinQ	266	0.470	3124	0.385	6.534
Develop	266	0.135	3124	0.216	-3.124
Size	266	20.899	3124	21.408	-8.514
Lev	266	0.481	3124	0.400	6.331
Diff	266	9.007	3102	7.542	2.590

7.4.2　实证结果与分析

表7-5报告了全样本下引入外部经理人对企业融资约束的影响，列（2）在列（1）的基础上加入控制变量，列（3）在列（2）的基础上控制了年份、地区和行业。三列中的CashFlow×Transfer×Post的系数均显著为负，说明引入外部经理人显著地降低了投资—现金流的敏感性。外部职业经理人加入家族企业能够降低企业的信息不对称，缓解了企业的融资约束，验证了假设7.1。

表 7－5　　引入外部经理人与融资约束的内生性检验

项目	Transfer1		
	(1)	(2)	(3)
	Investment	Investment	Investment
CashFlow	0. 077 *** (5. 73)	0. 083 *** (6. 24)	0. 078 *** (6. 05)
CashFlow × Transfer	0. 319 ** (2. 25)	0. 338 ** (2. 41)	0. 230 * (1. 72)
Post	－0. 020 *** (－10. 09)	－0. 015 *** (－7. 18)	－0. 008 *** (－4. 12)
CashFlow × Transfer × Post	－0. 262 ** (－2. 05)	－0. 284 ** (－2. 25)	－0. 227 * (－1. 89)
Control Variable		控制	控制
Year			控制
Area			控制
Industry			控制
Constant	0. 058 *** (57. 26)	0. 007 (0. 37)	0. 013 (0. 71)
N	3946	3878	3868

注：*、**、*** 分别表示在 10%、5%、1% 的水平上显著。

表 7－6 报告了全样本下转让企业对企业融资约束的影响，列（2）在列（1）的基础上加入控制变量，列（3）在列（2）的基础上控制了年份、地区和行业。列（1）和列（2）中的 CashFlow × Transfer × Post 系数均显著为负，说明企业转让显著地降低了投资—现金流的敏感性。列（3）中的交叉项系数为负，但并不显著，说明转让企业对融资约束的作用受到多方面影响。该回归结果在一定程度上验证了假设 7. 2。

表7-6　　转让企业与融资约束的内生性检验

项目	Transfer2		
	(1)	(2)	(3)
	Investment	Investment	Investment
CashFlow	0.071*** (5.79)	0.082*** (6.64)	0.076*** (6.31)
CashFlow × Transfer	0.263** (2.10)	0.214* (1.72)	0.094 (0.79)
Post	-0.025*** (-10.33)	-0.019*** (-7.88)	-0.010*** (-4.25)
CashFlow × Transfer × Post	-0.189* (-1.87)	-0.167* (-1.65)	-0.115 (-1.20)
Control Variable		控制	控制
Year			控制
Area			控制
Industry			控制
Constant	0.057*** (59.69)	0.006 (0.33)	0.013 (0.68)
N	3946	3878	3868

注：*、**、***分别表示在10%、5%、1%的水平上显著。

7.5　稳健性检验、进一步分析与作用机制检验

7.5.1　稳健性检验

本书通过替换融资约束变量对主回归进行稳健性检验。在现有

文献中，KZ 指数也被广泛用于衡量融资约束（Kaplan 和 Zingales，1997；徐思等，2019）。本书采用现金股利、持有现金量、经营净现金流量、资产负债率以及托宾 Q 值构建 KZ 指数，该指数越大，企业融资约束越严重。根据上述变量构建的 KZ 指数模型公式为：

$$KZ = -16.199 \times \frac{Dividend_t}{Assets_{t-1}} - 2.1815 \times \frac{Cash_t}{Assets_{t-1}} - 0.457 \times \frac{CashFlow_t}{Assets_{t-1}} + 4.996 \times Lev + 0.349 \times TobinQ$$

运用双重差分法对 KZ 指数和去家族化进行回归，结果如表 7－7 所示。可以看出，不管是“引入外部经理人”去家族化，还是“直接转让”去家族化，Transfer × Post 的回归系数均显著为负，表明去家族化可以显著缓解企业融资约束。结论与前述一致。

表 7－7　　KZ 指数与去家族化的内生性回归分析

项目	Transfer1	Transfer2
	(1)	(2)
	KZ	KZ
Transfer × Post	−0.093**	−0.169***
	(−2.33)	(−2.67)
Control Variable	控制	控制
Year	控制	控制
Area	控制	控制
Industry	控制	控制
Constant	−2.304***	0.462
	(−2.67)	(0.91)
N	2452	2554

注：*、**、*** 分别表示在 10%、5%、1% 的水平上显著。

7.5.2 进一步分析：不同情境下的去家族化与融资约束

（1）不同行业中去家族化与投资—现金流敏感性。

不同行业的企业特质不一样，高新行业对技术的要求较高。相比其他行业而言，处于高新行业中的家族企业会拥有更多的专利等特有资产，同样，高新企业为了获取这类特有的资产会增加研发投入。因此我们猜测高新企业对资金的需求更多，对融资的要求也更大。本书按照高科技行业标准将样本划分为高新行业和非高新行业，考察在不同的投资需求中去家族化对企业融资约束的影响。根据国家统计局的行业划分标准，选择了“医疗器械及制造业”“航空、航天及设备制造业”“计算机、电子信息设备制造业”“信息服务业”“环境治理服务业”与“其他专业技术服务业”作为高新行业。表7-8列示了在非高新和高新行业中，去家族化的不同方式对企业投资—现金流敏感性的影响。

列（1）和列（2）是在非高新行业中，引入外部经理人和转让企业对企业融资约束的影响。从表7-8中可以看出，无论是引入外部经理人（Transfer1）还是转让企业（Transfer2）情况下，关键指标 CashFlow × Transfer × Post 交叉项系数均显著为负。列（1）中的交叉项系数为-0.247，并在10%的水平上显著；列（2）中的交叉项系数为-0.221，并在5%的水平上显著。该回归结果表明在非高新行业中，去家族化可以显著降低企业投资—现金流的敏感性，减缓了家族企业的融资约束。

列（3）和列（4）是在高新行业中，引入外部经理人和转让企业对企业融资约束的影响。从结果可以看出，无论是引进外部经理人还是转让企业，CashFlow × Transfer × Post 交叉项系数为负，但并不显著。说明在高新行业中，去家族化对企业的融资约束没有明显的缓解效果。

表 7－8　不同行业中去家族化与投资—现金流敏感性回归分析

项目	非高新		高新	
	(1)	(2)	(3)	(4)
	Investment	Investment	Investment	Investment
CashFlow	0.082 *** (5.49)	0.096 *** (6.74)	0.087 *** (3.30)	0.088 *** (3.54)
CashFlow × Transfer1	0.246 * (1.74)		0.104 (0.25)	
Post	-0.007 *** (-3.09)		-0.010 ** (-2.13)	
CashFlow × Transfer1 × Post	-0.247 * (-1.95)		-0.104 (-0.27)	
CashFlow × Transfer2		0.265 ** (1.99)		0.277 (0.63)
Post		-0.016 *** (-6.09)		-0.019 *** (-2.97)
CashFlow × Transfer2 × Post		-0.221 ** (-2.07)		-0.285 (-0.75)
Control Variable	控制	控制	控制	控制
Year	控制	控制	控制	控制
Area	控制	控制	控制	控制
Industry	控制	控制	控制	控制
Constant	0.008 (0.38)	0.0115 (0.54)	-0.024 (-0.63)	-0.030 (-0.79)
N	2791	2801	1077	1077

注：*、**、*** 分别表示在 10%、5%、1% 的水平上显著。

出现这种结果的原因可能有两种。一种可能的情况是，高新行业是资本集中度高的行业，其固定资产比重较低，因此其固定资产类的投资水平也较低，而且并不是所有的研发支出都属于无形资产。但是本书对企业投资水平的衡量是根据固定资产、无形资产和其他长期资产所支付的现金确定的，对高新行业中的家族企业投资的衡量可能并不全面。另外一种可能的情况是，高新行业的企业不存在融资约束难的问题，或者高新行业的去家族化不会影响企业融资，那么高新企业去家族化后的研发投入应该也没有显著区别。表7-9列示了非高新行业与高新行业中，不同去家族化方式对研发投入的影响，该回归分析同样是控制了内生性后的回归结果。从表7-9中可以看出，列（1）中的交叉项（Transfer1 × Post）的系数为1.050，并在1%的水平上显著；列（2）中的交叉项（Transfer2 × Post）的系数为0.772，并在5%的水平上显著，可见，去家族化可以提高非高新类企业的研发支出。列（3）和列（4）中的交叉项系数虽然为正，但并不显著。由此可以看出，非高新类的家族企业去家族化后融资约束得到缓解，同时研发投入显著增加；高新行业的企业研发投入为正，但是并不显著。

表7-9　不同行业中研发投入与去家族化回归分析

项目	非高新		高新	
	(1)	(2)	(3)	(4)
	R&D	R&D	R&D	R&D
Transfer1 × Post	1.050*** (4.03)		0.264 (1.29)	
Transfer2 × Post		0.772** (2.45)		0.237 (0.91)
Control Variable	控制	控制	控制	控制
Year	控制	控制	控制	控制
Area	控制	控制	控制	控制
Industry	控制	控制	控制	控制
Constant	4.311* (1.77)	6.258** (2.58)	0.685 (0.31)	0.768 (0.34)
N	291	291	380	380

注：*、**、***分别表示在10%、5%、1%的水平上显著。

（2）家族异质性、去家族化与投资—现金流敏感性。

家族企业的异质性决定了不同家族企业类型的发展不同，本书根据 Villalonga 等（2010）对家族企业的分类，通过企业上市方式的不同，对样本中的家族企业分为两类："竞争优势"类型的家族企业和"控制权私利"类型的家族企业。"竞争优势"类家族企业追求企业的长期利益，将家族视作企业的管家，更加用心经营企业，不会轻易放弃企业所有权；引入外部经理人既可以保证家族对企业的掌握，同时能够降低第二类代理成本，缓解企业融资约束。采用直接上市方式的企业，一般而言，多数归属于"竞争优势"类家族企业，采用间接上市方式的企业，多数归属于"控制权私利"类家族企业。

表7－10列示了在不同类型的家族企业中，去家族化对企业融资约束的影响。列（1）和列（2）说明了在直接上市情况下，引入外部经理人和转让企业对投资—现金流敏感性的影响，从结果中可以看出，引入外部经理人时，CashFlow（现金流）的系数显著为正，关键变量 CashFlow × Transfer × Post 的交叉项系数为－0.377，并在10%的水平上显著，说明引入外部经理人可以降低投资—现金流的敏感性；当转让企业时，关键变量 CashFlow × Transfer × Post 的交叉项系数为－0.127，但并不显著，说明家族退出企业并没有降低企业的投资—现金流的敏感性。从该结果中可以看出，对于"竞争优势"类家族企业，引入外部经理人可以显著降低企业的融资约束。

列（3）和列（4）列示了间接上市情况下，引入外部经理人和转让企业对投资—现金流敏感性的影响，结果显示，无论是引入外部经理人还是转让企业，虽然企业的现金流显著为正，关键变量 CashFlow × Transfer × Post 的交叉项系数均为负，但并不显著，该结果表明对于"控制权私利"类型的家族企业，去家族化对企业的投资—现金流敏感性没有显著影响。

表 7-10　家族异质性、去家族化与投资—现金流敏感性回归分析

项目	直接上市		间接上市	
	(1)	(2)	(3)	(4)
	Investment	Investment	Investment	Investment
CashFlow	0.086*** (5.46)	0.087*** (5.81)	0.073*** (2.98)	0.073*** (3.58)
CashFlow × Transfer1	0.465* (1.89)		0.243 (1.52)	
Post	-0.017*** (-6.26)		-0.002 (-0.63)	
CashFlow × Transfer1 × Post	-0.377* (-1.66)		-0.212 (-1.49)	
CashFlow × Transfer2		0.205 (1.04)		0.223 (1.51)
Post		-0.020*** (-5.61)		-0.010*** (-3.24)
CashFlow × Transfer2 × Post		-0.127 (-0.79)		-0.191 (-1.60)
Control Variable	控制	控制	控制	控制
Year	控制	控制	控制	控制
Area	控制	控制	控制	控制
industry	控制	控制	控制	控制
Constant	0.045* (1.91)	0.044* (1.89)	-0.048* (-1.72)	-0.047* (-1.71)
N	2909	2909	969	969

注：*、**、*** 分别表示在 10%、5%、1% 的水平上显著。

（3）透明度、去家族化与投资—现金流敏感性。

公司的信息透明度越高，家族成员转移资源或侵占中小股东利益的成本也越高（Anderson 和 Reeb，2003），投资者的利益得到更大程度的保护，降低了投资者的风险溢价，企业的融资环境更加宽松（姜付秀等，2017），因此信息透明度对去家族化与融资约束的关系有一定的调节作用。本书采用跟踪企业的分析师数量衡量企业的信息透明度，因为企业的分析师跟踪越多，中介机构和外界对企业的关注也就越高，企业的透明度也就越高（Bowen 等，2008）。表7-11列示了对处于不同透明度环境的家族企业，去家族化对企业融资约束的影响。

表7-11 透明度、去家族化与投资—现金流敏感性回归分析

项目	透明度低		透明度高	
	(1)	(2)	(3)	(4)
	Investment	Investment	Investment	Investment
CashFlow	0.043** (2.33)	0.048*** (2.92)	0.097*** (5.51)	0.094*** (5.53)
CashFlow × Transfer1	0.083 (0.56)		0.381 (1.51)	
Post	-0.008*** (-2.92)		-0.002 (-0.53)	
CashFlow × Transfer1 × Post	-0.064 (-0.48)		-0.398* (-1.73)	
CashFlow × Transfer2		-0.014 (-0.11)		0.215 (0.94)
Post		-0.004 (-1.51)		-0.007* (-1.65)
CashFlow × Transfer2 × Post		-0.001 (-0.01)		-0.248 (-1.29)
Control Variable	控制	控制	控制	控制
Year	控制	控制	控制	控制

续表

项目	透明度低		透明度高	
	(1)	(2)	(3)	(4)
	Investment	Investment	Investment	Investment
Area	控制	控制	控制	控制
industry	控制	控制	控制	控制
Constant	0.013 (0.46)	0.012 (0.41)	0.148*** (4.70)	0.146*** (4.65)
N	1574	1574	2294	2294

注：*、**、*** 分别表示在 10%、5%、1% 的水平上显著。

列（1）和列（2）说明了在较低透明度的情况下，无论是引入外部经理人还是转让企业，虽然 Cashflow（现金流）的系数显著为正，关键变量 CashFlow × Transfer × Post 的交叉项系数虽然为负，却不显著，说明在透明度较低的环境下，去家族化对企业投资—现金流敏感性没有显著影响，即模糊的环境不利于去家族化缓解融资约束。

列（3）和列（4）列示了在较高透明度的情况下，引入外部经理人和转让企业对投资—现金敏感性的影响，列（3）中的 CashFlow × Transfer1 × Post 的交叉项系数为负，并在 10% 的水平上显著，说明引入外部经理人能够显著降低企业的投资—现金流敏感性，缓解企业的融资约束；但列（4）中的 CashFlow × Transfer2 × Post 的交叉项系数虽然为负，但并不显著，说明转让企业这种去家族化方式对企业融资约束并没有显著影响。该结果表明资本市场制度环境的重要性，市场化程度越高，企业生存的环境越透明，企业行为的改变越能产生显著的效果。

7.5.3 作用机制检验

（1）去家族化与银行贷款。

金融市场欠发达时，家族企业的融资渠道主要是债务融资（Murro 和 Peruzzi，2019）。我国的资本市场发展不平衡，银行贷款仍是上市公司融资的主要方式之一。有研究发现，家族成员担任高管对企业价值有负面影响，家族继任成员担任 CEO 时企业会计业绩更差，而银行贷款的发放主要是依据企业的绩效表现，则家族成员继任 CEO 时企业获取银行贷款的可能性较小（Shen 和 Su，2017）。陈德球等（2013）发现外部职业经理人更倾向于追求企业短期投资收益，而短期投资需要宽松的融资环境，因此外部经理人更有动机缓解企业的融资约束。

家族企业主要来自民营企业，民营企业的主要筹资方式依然是银行贷款，本书将企业获得银行长期贷款作为取得融资的主要渠道。去家族化与企业银行贷款也可能存在着内生性关系，我们依然通过双重差分法解决内生性问题。表 7－12 列示了去家族化与银行贷款之间的内生性检验，列（1）分析了引入外部经理人对企业银行贷款的净影响，从表 7－12 中可以看出，关键变量 Transfer × Post 的系数为正，并在 1% 的水平上显著，说明引入外部经理人可以增加企业的银行贷款金额。列（2）研究了企业转让对银行贷款的净影响，可以看出关键变量 Transfer × Post 的系数依然显著为正，说明转让企业也可以增加银行贷款金额，从而缓解企业的融资约束。与本书前半部分的研究结论一致。

表 7－12　　去家族化与银行贷款的内生性检验

项目	Transfer1	Transfer2
	(1)	(2)
	Loan	Loan
Transfer × Post	0.283*** (4.14)	0.382*** (4.45)
Control Variable	控制	控制
Constant	－5.097*** (－7.07)	－5.018*** (－6.96)
N	1897	1897

注：*、**、*** 分别表示在 10%、5%、1% 的水平上显著。

（2）去家族化与外部融资总量。

本书将企业获得外部融资总量作为融资总额的衡量变量，参考徐思等（2019）的研究，使用“发行债券收到的现金、取得借款收到的现金和吸收权益性投资收到的现金”作为外部融资总量。表7－13列示了不同去家族化方式下企业获得外部融资总量的回归分析，为防止可能存在的内生性关系，该回归分析依然采用双重差分法进行回归。从表7－13中可以看出，引入外部经理人的情况下，交叉项系数显著为正；转让企业的情况下，交叉项系数虽然为正，但并不显著。所以引入外部经理人可以提升企业的外部融资总量。转让企业的过程中，可能其他融资渠道的金额有所减少，使外部融资总量没有显著增加。

表7－13　　去家族化与外部融资总量的内生性检验

项目	Transfer1	Transfer2
	(1)	(2)
	Exfin	Exfin
Transfer × Post	0.520 *	0.336
	(1.68)	(0.84)
Control Variable	控制	控制
Constant	－38.82 ***	－38.62 ***
	(－12.40)	(－12.35)
N	3878	3878

注：*、**、*** 分别表示在10%、5%、1%的水平上显著。

7.6　本章小结

去家族化是家族企业未来发展的一个方向。基于我国家族企业的发展进程，本书检验了家族企业不同的去家族化方式对其融资约束的影响，为家族企业的公司治理和行为研究提供了新的探讨视角，深化了对家族企业动态发展的研究。研究发现，在非高新行业中，去家族化能更显著地降低企业投资—现金流的敏感性；家族异质性对企业去家族化缓解融资约束也有影响，“竞争优势”类型的家族企业引入外部经理人能更好地缓解企业融资约束；在信息透明度较高的环境中，去家族化对企业融资约束的缓解作用更加明显。这意味着，企业去家族化能够为企业带来融资方面的便利，而在不同的情况下，去家族化的作用也随环境变化而变化。通过内生性检验和稳健性检验，本书的主要观点依然成立。

根据上述研究有以下启示：（1）基于家族企业特有的治理模式，其内外部信息不对称导致企业融资约束较高，因此引入外部经理人或者转让企业可以降低投资—现金流敏感性，家族企业转型有助于改善企业融资状况。（2）不同特性的家族企业可以选择不同类型的去家族化方式，企业实际控制人应当准确把握企业状况，针对不同情形选择合适的转型途径。（3）家族企业的融资反映了企业的成长水平，根据企业的特性和治理模式，投资者可以选择合适的投资对象，优化资源配置。

本研究仍有继续进展的可能。当去家族化对企业的影响既广泛又深入时，那么影响企业去家族化的因素是什么？尤其是当家族企业选择不同的去家族化路径时，这是仍需探索的地方。因此在后续的研究中，可能会从家族特点和企业特性出发，探究企业转型背后的情景，明确去家族化及其不同方式的原因。

第8章

去家族化与投资效率

投资活动是企业经济行为中重要的组成部分，也是占用企业资金的主要项目，因此企业投资效率的高低不仅影响企业的投资回报率，对企业的资金使用效率也有影响。去家族化作为家族企业转型的方向之一，企业投资效率会有怎样的变化？不同的去家族化方式对投资效率的影响是否一致？不同情境下去家族化对投资效率的作用有何不同？本章将解决这些问题。

8.1 问题的提出

由于家族企业的天然属性，我们一般认为家族企业理应在家族成员内部传承，但是近年来却遭遇了极大的挑战。随着我国改革开放的发展，很多家族企业已由传统的家庭小作坊发展为大中型企业，而企业的第一代经营者，也就是创始人也因为年龄的问题开始考虑企业的接班人。2017 年《中国企业家调查报告》显示，相当比例的企业主不会选择子女作为继任者，例如，2012 年美的集团七十岁的何享健将权力移交给了非家族成员方洪波，而自己的儿子何剑锋选择独立创业。家族后代不愿继承企业也是内部传承的拦路虎。当企业传承遭遇各种问题时，家族企业不妨后退一步，重新选择企业合适的发展方向，去家族化为企业谋求新出路提供了新的思路。

企业投资效率的提升是经济转型升级的重要保证。随着经济的自由化和全球化，大量资金从传统行业转向新型行业，企业的资本结构也发生了重大转变。企业投资不仅要关注投资数量，更要注重投资质量，因此对企业投资决策而言，投资效率更加重要。目前关于投资效率的研究，多数是从信息不对称和代理问题着手，探讨投资环境、公司治理和管理者背景对企业投资效率的影响，而企业的动态行为变化对投资效率的作用相关研究较少。本章从企业去家族化的动态演化过程出发，分析去家族化对企业投资效率的影响及背后的原因，同时探究不同情境下去家族化的不同作用。

8.2　理论分析

对家族成员而言，家族是一个系统的大型关系网络，同时家族和外界也有很多关系网络互连。处于关系网络中，家族成员能够获得更全面更多的信息。去家族化的过程中，企业的管理者甚至是控制者，逐步更换为家族外部的成员，但是关系网络不会随之更换，这就导致了关系网络中间链条的断裂。对我国家族企业而言，企业的行为依然会受企业社会关系的影响，去家族化导致的关系网络更新很可能使企业投资出现偏离。

随着各地区市场化进程的加快，规范约束企业行为的规章制度逐步完善，经理人市场的发展也越来越全面。声誉在经理人市场中具有重要的治理作用，正是由于声誉的约束机制，职业经理人在企业中更关注企业的短期绩效，这种短视行为使经理人放弃具有长期效益的投资活动。去家族化引入外部经理人的过程中，经理人的短视行为导致其投资决策不一定是最优的，会损害企业的投资质量，进而影响企业的投资效率。

家族成员对企业而言具有更高的忠诚度，而且这种忠诚度是不需要任何契约进行维持的，因此家族成员管理企业更倾向于通过自身的“管家”身份，做出对企业长期有利的投资决策。不仅是“竞争优势”类型的家族企业，“控制权私利”类型的家族企业同样会考虑企业的长期发展。虽然“控制权私利”类型的企业更关注家族自身的利益，企业只是它们获利的一个平台，但是当家族转让企业时，企业未来的长期价值可以增加家族成员议价时的筹码，间接地为家族带来更多收益。由此可见，家族成员担任企业的管理者，更有利于企业投资活动的进行，有助于提升企业的投资效率。

8.3 研究设计

8.3.1 样本选择与数据来源

企业在去家族化的过程中通常有两种路径。其一，引入职业经理人经营企业，继续保持家族的控制权；其二，部分或者全部转让企业的股权，同时丧失对家族企业的控制权和经营权。

目前学术界对于家族企业并没有统一的定义，本书根据以往文献（Anderson 和 Reeb，2003；陈德球等，2013），结合本书研究对象，通过两个独立的标准界定家族企业。第一个标准要求家族企业满足以下三个要求：（1）实际控制人可追溯到家族或个人；（2）该家族或个人为公司第一大股东；（3）企业创始人或家族成员担任董事长或总经理。符合这类标准的家族企业，引入外部经理人即认为进行了去家族化，将其定义为“引入外部职业经理人”去家族化。第二个标准要求家族企业满足以下两个要求：（1）实际控制人可追溯到家族或个人；（2）该家族或个人为公司第一大股东。

符合这类标准的家族企业，当家族成员放弃所有权时即认为进行了去家族化，将其定义为“转让企业”去家族化。

根据以上标准，本书选择 2005—2014 年的家族企业，并删除数据缺失的样本，共得到 3868 个样本，其中，通过引入外部经理人去家族化的企业有 1061 个样本，通过放弃所有权去家族化的企业有 556 个样本。我们根据年报和网站等公开信息渠道手工收集整理家族企业去家族化的方式和时间，其他数据来自国泰安数据库，在分析过程中对所有连续变量进行了上下 1% 样本的 Winsorize 处理。

8.3.2　研究变量的定义与模型建立

为了验证以上假设，本章采用双重差分模型（DID Model）进行回归，相关模型如下：

$$\text{InvestmentEfficiency}_i = \beta_0 + \beta_1 \text{Transfer} \times \text{Post} + \beta_2 \text{Control Variable}_i + \theta_i$$

其中，“去家族化”的家族企业作为处理组，“未去家族化”的企业作为对照组，也就是控制组。Post 是组间二值变量，若观测值在处理组，则取值为 1；若观测值在对照组，则取值为 0。Transfer 是时间变量，如果观测值在“去家族化”前，则取值为 0；如果观测值在“去家族化”后，则取值为 1。

由于去家族化通过两种方式衡量，一种是引入外部经理人，另一种是转让企业，因此 Transfer 分为 Transfer1 和 Transfer2 两种情况。Transfer × Post 是本章回归的关键变量，衡量了去家族化对企业投资效率的净影响，如果该交叉项为正，表明去家族化会显著降低企业的投资效率，反之，如果该交叉项为负，说明去家族化能够提高企业的投资效率。

在前人研究的基础上，本章采用 Richardson 等（2006）模型的残差衡量企业的投资效率。该残差的绝对值越大，说明企业投资效率越低；反之，说明企业投资效率越高。该模型如下：

$$Investment_i = b_0 + b_1 TobinQ_{i-1} + b_2 Lev_{i-1} + b_3 Cash_{i-1} + b_4 Age_{i-1} + b_5 Size_{i-1} + b_6 Return_{i-1} + b_7 Investment_{i-1} + \varepsilon_i$$

在该模型中，Investment 表示企业的投资水平，采用“固定资产、无形资产和其他长期资产之和，减去销售长期资产所得的现金，再除以期初资产总额”来衡量。TobinQ 衡量的是企业的成长机会，Lev 衡量的是企业的杠杆，Cash 指的是企业的现金持有量，Age 指的是企业的上市年限，Size 指的是企业资产的自然对数，Return 衡量的是企业在该年度的收益率。

在参考以往文献的基础上，引入以下控制变量：

公司规模（Size）。家族企业成立初期，企业规模较小，相应的管理成本较低，对职业经理人的需求也较低，企业由家族控制和管理是实现价值最大化的有效途径。随着企业的不断发展壮大，企业规模也逐渐扩大，仅有家族成员管理已不能满足企业的发展需求，此时家族企业对外界专业人才的需求开始增加。当家族企业不断地扩大，对资金和人才的要求会进一步上升，家族企业的股权会进一步分散，则企业去家族化的程度更加深入。可见，公司规模对家族企业去家族化的深刻影响。

资产负债率（Lev）。资产负债率是企业资本结构的重要体现，家族企业发展初期，对资金需求不大，通过家族成员的筹集能够满足企业发展需要。当家族企业的经营规模逐渐扩大后，对资金的需求也急剧上升，此时家族筹集已不能满足需求，则需要通过其他途径解决。由于我国资本市场发展有待完善，家族企业进行股权融资具有一定困难。有研究表明，银行借贷仍是私营企业筹资的主要途径（陈等，2013）。家族企业天然的求稳意识，使企业的资本结构不会过于失衡，当资产负债率较高时，说明家族企业的经营管理可能面临困难。

营运资本能力（Operate），该指标可以体现企业短期资产的流动能力，反映企业的流动性。家族企业的经营更加注重资金的流动性，因此营运资本能力在一定程度上能够反映家族企业的资金流动现状。当营运资本能力较弱时，说明企业的短期偿债和资产利用率出现问题，会影响企业的流动资金和资本结构等，进一步对企业去家族化产生影响。

发展能力（Develop），采用营业收入增长率衡量，反映企业的成长状况。创始家族创立企业是希望将企业传承下去，那么企业的发展能力则是非常重要的；另外，有些家族成员管理企业是希望在合适的时机将企业出售获得巨大经济回报，而企业的发展能力可以提高企业出售时的价格。因此企业发展能力对家族企业去家族化的影响要从企业上市目的等方面进行考虑。

风险水平（Risk），通过企业的杠杆率衡量，该指标反映了企业产品销售额的变动对股东利益的影响。虽然风险越高，收益越高，但家族企业的稳健特性使企业不会保持较高的风险水平。处于风险较高环境下的家族企业为了自身发展考虑，或者想办法降低企业的风险或者逐渐去家族化。

获利能力（Profit），是企业经营效果的体现，反映了企业在产品市场上的生存状况。企业的本质是利益最大化，即使家族企业具备较强的社会责任情感，依然要保证企业经营利益的实现。当企业的获利能力下降时，家族企业的持续发展受到威胁，家族成员获得的控制权私利也不能得到保证，则家族成员会逐渐脱离与企业的关系。

具体的变量定义如表 8－1 所示：

表 8－1　　　　变量定义

变量名称	变量符号	变量定义
企业投资	Investment	固定资产、无形资产和其他长期资产之和减去销售长期资产所得的现金/期初总资产
去家族化	Transfer	当家族企业转变为非家族企业时，则取值为 1，否则取值为 0

续表

变量名称	变量符号	变量定义
企业规模	Size	企业总资产的自然对数
资本结构	Lev	企业的资产负债率
两权分离	Diff	实际控制人所有权比例与控制权比例的差额
公司价值	TobinQ	(年末流通市值 + 非流通股份占净资产的金额 + 长期负债 + 短期负债) /总资产
发展能力	Develop	营业收入增长率

8.4 实证检验

8.4.1 描述性统计分析

表 8－2 报告了模型中涉及变量的统计性分析。从表 8－2 中我们可以看出，引入外部经理人的平均值为 0.269，说明多数企业仍保留家族管理；企业转让的平均值为 0.141，说明家族完全退出企业的数量占比较少。通过引入外部经理人进行去家族化的企业数量多于通过转让企业进行去家族化的企业数量，可能的原因是有些家族企业成立年限较短，目前仍然维持家族控制与经营。投资效率的平均值是 0.142，可见投资效率有一定的偏颇。企业规模的平均值为 21.394；资产负债率的平均值为 3.702；公司价值的平均值为 0.602；收益率的平均值为 0.319。

表 8－2　　描述性统计分析

Variable	Obs	Mean	Std. Dev.	Min	Max
Transfer1	3946	0.269	0.443	0	1
Transfer2	3946	0.141	0.348	0	1

续表

Variable	Obs	Mean	Std. Dev.	Min	Max
Investment Efficiency	3430	0. 142	0. 171	0. 002	1. 272
Size	3946	21. 394	1. 004	18. 475	24. 788
Lev	3946	3. 702	3. 641	0. 852	21. 925
CashFlow	3946	0. 190	0. 151	0. 002	0. 764
Return	3946	0. 319	0. 850	-0. 714	3. 172
TobinQ	3901	0. 602	0. 219	0. 114	1. 096
ROA	3939	0. 042	0. 063	-0. 556	0. 226
Develop	3946	-0. 283	15. 028	-318. 857	576. 643

8.4.2 回归分析

（1）去家族化与企业投资效率的回归分析。

表 8-3 是投资效率与去家族化的全样本分析。列（1）是引入外部经理人对企业投资效率的影响，可以看出回归系数为 0. 023，并在 1% 的水平上显著为正，说明引入外部经理人会降低企业的投资效率；列（2）是放弃控制权对企业投资效率的影响，系数为 0. 011，并在 1% 的水平上显著为正，说明放弃控制权也会显著降低企业的投资效率。该结果表明，去家族化会降低企业的投资效率，结论与前面分析的一致。

表 8-3 去家族化与企业投资效率的双重差分回归分析

项目	(1)	(2)
	Investment Efficiency	Investment Efficiency
Transfer1 × Post	0. 023 *** -10. 37	
Transfer2 × Post		0. 011 *** -8. 32

续表

项目	(1)	(2)
	Investment Efficiency	Investment Efficiency
Size	-0.009*** (-6.81)	-0.009*** (-6.86)
Lev	-0.002*** (-5.21)	-0.002*** (-5.39)
CashFlow	-0.005 (-0.61)	-0.006 (-0.63)
Return	0.004* (1.79)	0.003 (1.38)
Develop	-0.073*** (-11.02)	-0.077*** (-11.63)
ROA	-0.075*** (-5.87)	-0.080*** (-6.22)
Year	Control	Control
Area	Control	Control
Industry	Control	Control
_Cons	0.344*** -11.93	0.360*** -12.48
N	6596	6596

注：括号内是参数检验的 p 值，*、**、*** 分别表示在 10%、5% 和 1% 的水平上显著。

（2）去家族化降低企业投资效率的原因分析。

根据前文的分析，去家族化导致投资效率降低可能的原因是家族企业的关系网络更发达，家族成员在关系网络中可以发挥更好的作用。为了验证家族成员的重要性，本章从家族成员违规的市场反应来检测。如表 8-4 所示，CAR 指的是处罚前后三天的超额收益率，从表 8-4 中可以看出，家族成员违规的市场反应在 5% 的水平上显著为正，说明市场对家族成员的违规反应很大，家族成员对企业的重要性显而易见。

表 8-4　　　　家族成员违规的市场反应

项目	CAR
Punish	0.016** (2.29)
Lev	-0.001 (-0.99)
Size	0.001 (0.001)
ROA	0.005*** (3.79)
TobinQ	0.001 (1.01)
Industry	Control
Area	Control
Year	Control
_Cons	0.0964 (1.37)
N	1305

注：括号内是参数检验的 p 值，*、**、*** 分别表示在 10%、5% 和 1% 的水平上显著。

（3）进一步研究。

接下来，本章分两个情境进一步分析去家族化对企业投资效率的影响。首先如表 8-5 所示，本章将样本分为两个子样本，一个子样本是投资效率模型的残差小于0，即投资不足；另一个子样本是投资效率模型的残差大于0，即投资过度。在投资不足的样本中，去家族化会导致企业投资更加不足，加剧这种趋势，从表8-5中可以看出，不管是引入外部经理人还是放弃控制权，去家族化都会导致企业投资效率降低。而在投资过度的样本中，去家族化和组间控制变量的交叉项系数显著为负，表明去家族化能够提升企业的投资效率，抑制这种投资过度现象。

表8-5　不同投资效率样本中去家族化的作用分析

项目	Low investment level		High investment level	
	Investment Efficiency	Investment Efficiency	Investment Efficiency	Investment Efficiency
Transfer1 × Post	0.034*** (18.68)		-0.010** (-2.27)	
Transfer2 × Post		0.017*** (15.74)		-0.007*** (-2.58)
Size	-0.070*** (-51.14)	-0.070*** (-50.49)	0.038*** (16.31)	0.038*** (16.33)
Lev	-0.004*** (-12.66)	-0.004*** (-12.93)	0.003*** (4.24)	0.003*** (4.23)
Cash	-0.011 (-1.62)	-0.01 (-1.54)	-0.047*** (-2.68)	-0.047*** (-2.68)
Return	0.007*** (3.76)	0.005*** (2.9)	0.015*** (3.69)	0.015*** (3.78)
Develop	-0.005 (-0.88)	-0.012** (-1.99)	-0.013 (-1.18)	-0.011 (-1.01)
ROA	0.009 (0.97)	0.004 (0.41)	0.046 (1.4)	0.05 (1.51)

续表

项目	Low investment level		High investment level	
	Investment Efficiency	Investment Efficiency	Investment Efficiency	Investment Efficiency
Year	Control	Control	Control	Control
Industry	Control	Control	Control	Control
Area	Control	Control	Control	Control
_Cons	1.580 *** (56.35)	1.601 *** (56.43)	-0.759 *** (-12.63)	-0.761 *** (-12.66)
N	3903	3903	2693	2693

注：括号内是参数检验的 p 值，*、**、*** 分别表示在 10%、5% 和 1% 的水平上显著。

其次，本章针对不同类型的家族企业，分析去家族化对企业投资效率的影响是否发生变化。根据前面的理论分析，我们将家族企业分为两种类型："竞争优势"家族企业和"控制权私利"家族企业，前者更关注企业的长期发展，后者更侧重于家族利益。本章依然采用不同上市方式对家族企业的类型进行划分，"竞争优势"的家族企业采用直接上市方式衡量，"控制权私利"类型的家族企业采用间接上市方式衡量。

如表 8-6 所示，本章将总样本分为直接上市和间接上市两个子样本。在直接上市子样本中，引入外部经理人会降低企业的投资效率，系数在 5% 的水平上显著；但转让企业对投资效率没有显著影响。在间接上市的子样本中，同样是引入外部经理人会降低企业的投资效率，系数在 10% 的水平上显著；转让企业对投资效率的影响不大。可能的原因是：外部经理人进入了家族企业的关系网络，但融入网络需要一定的时间，这可能导致企业的投资效率会暂时下降。而转让企业则是将企业带入了全新的关系网络中，企业的投资效率受影响不大。

表 8-6　不同类型的家族企业去家族化与投资效率回归分析

项目	直接上市		间接上市	
	Investment Efficiency	Investment Efficiency	Investment Efficiency	Investment Efficiency
Transfer1 × Post	0.007** (2.12)		0.008* (1.82)	
Transfer2 × Post		0.003 (0.72)		0.001 (0.51)
Size	0.014*** (8.85)	0.014*** (8.93)	-0.040*** (-15.24)	-0.041*** (-15.66)
Lev	-0.001 (-0.60)	-0.001 (-0.63)	-0.001 (-1.38)	-0.001 (-1.42)
Cash	-0.003 (-0.25)	-0.003 (-0.33)	0.003 (0.16)	0.004 (0.27)
Return	0.003 (1.22)	0.003 (1.12)	0.013*** (3.41)	0.013*** (3.41)
Develop	-0.060*** (-7.48)	-0.061*** (-7.76)	-0.001 (-0.06)	-0.001 (-0.02)
ROA	-0.075*** (-4.09)	-0.078*** (-4.28)	-0.005 (-0.28)	-0.005 (-0.29)
Year	控制	控制	控制	控制
Area	控制	控制	控制	控制
Industry	控制	控制	控制	控制
_Cons	-0.139*** (-3.90)	-0.137*** (-3.84)	0.987*** -17.72	1.004*** -18.31
N	4287	4287	1903	1903

注：括号内是参数检验的 p 值，*、**、*** 分别表示在 10%、5% 和 1% 的水平上显著。

8.5　本章小结

本章分析了去家族化对企业投资效率的影响。首先，以 Richardson 等（2006）的模型为依据，将其残差的绝对值作为投资效率的衡量变量，回归结果显示，去家族化会显著地降低企业的投资效率，说明家族成员在企业投资的过程中起到了举足轻重的作用。为了验证家族成员的重要性，本章将家族成员违规作为窗口期，通过市场反应模型发现家族成员违规会引起企业股票收益率较大的波动，验证了家族成员对企业的作用。其次，本章将企业投资效率分为两个分样本，一个样本是衡量投资效率的残差为正，即投资过度；另一个样本是衡量投资效率的残差为负，即投资不足。在投资过度的样本中，回归结果反映去家族化能缓解企业投资过度的程度；在投资不足的样本中，回归结果表明去家族化会加重企业投资问题。

本章由浅及深地说明了去家族化对企业投资效率的影响，并分析了背后的原因，进一步探讨了不同投资效率情况下去家族化对企业投资效率的不同影响。本章深层次分析了家族企业的投资效率问题，拓展了家族成员对企业重要性的研究，延伸了家族企业未来投资的方向。

第9章 家族成员关系治理与去家族化案例

家族企业与其他企业的主要区别在于家族，而家族的重点在于家族成员。家庭内部关系是自然的依附、是天然形成的，但这种关系也是动态流动的。随着企业的发展和家族的不断扩大（由于婚姻关系加入其他成员），家族成员关系治理对企业具有重大意义。

9.1 问题的提出

家族成员是通过血缘、婚姻等因素结合在一起的，家族内部关系融洽可以促进企业的发展，反之，内部的不和谐会导致企业的停滞不前和家族的衰落。一般来说，家族企业的代理问题较少，是建立在家族成员担任管理层，且其利益一致、同心同德的基础上。家庭内部关系是自然的依附、是天然形成的，而家族内部关系是以契约为基础的。也就是说，家族不能简单地等同家庭的相加，家族与家庭所担任的责任是不同的。家庭财产可以称为“私有财产”，而家族财产的用处则非常有限。在困难的环境下，家族能够凝聚力量团结一致，因为这是“血缘决定的”。

关于中国的“家文化”，不仅为家族提供一套潜在行为规范，还影响了家族企业的社会经济活动。很多家族企业在家族亲情文化与理性工具准则的矛盾中受困，或者顽强成长或者就此转型。家族企业内部的亲情关系、人情关系、弹性化处理等机制无法形成对管理人员的择优选择，也难以有效地利用人力资源。

由于企业的发展、规模的扩大和资金需求的增加，企业股权多元化和管理职能专业化是必然的，由此导致企业的所有权和控制权分离。企业的控制权对企业经营运作方面有直接的作用，尤其当企业处于不确定的环境或者不完备的契约情况下，拥有企业控制权则具有决定相关解决方案的权利。正是由于决策权，企业的控制权具有排他性的特质。随着现代公司制度的广泛应用，多数企业呈现两权分离的状态，其中控制权具有排他的特性，是使用、处置企业特殊资源的一项权利，可以利用企业资源进行投资、经营等方面的决策。家族企业由最初成立的两权合一逐步发展至两权分离，而且家族成员对控制权的渴望是天生的，Gomez - Mejia 等（2007）和 Roussanov（2010）的研究发现，家族成员可以通过成为企业所有者而获得其他非经济类利益，比如社会地位。因此，家族企业的控制权争夺引起了社会各界的普遍关注。

随着历史的演变，中国的家庭也随之变化，由于历史上的国有化或公私合营等政策使家庭的经济作用被减弱，家庭的稳定性也受到了一定程度的影响，同时由于外界环境的影响，家庭的责任感和稳定性也得到了加强。家族和家庭的影响力依然存在，在现代社会环境下，家族也发生了很大改变。例如，后代子女受教育的程度逐渐提高，高权力的距离被缩小甚至消失；女性地位的提高，使女性在家族事务外活动中受压制的情况得以改善；商人观念的更新，更多的钱用来实现生产扩大化。这些都影响了家族企业内在动力的变化，进一步会影响家族企业的组织行为。

我国家族企业目前处于企业交接的高峰期，家族成员有直系和非直系之分，直系亲属接班是中国企业最容易接受的方式。由于企业发展的原因和家族后代子女的意愿或能力问题，使有些家族企业并没有传承给家族后代，而是由外部经理人接管，有的甚至被并购转让。本章通过案例的举证说明家族内部成员之间的和谐与家族后代的意愿和能力对家族企业去家族化的影响。

9.2 理论分析与研究命题

9.2.1 家族成员的和睦水平与去家族化

家族企业内部关系主要是指家族成员之间的关系、家族成员与非家族成员之间的关系等（苏琦等，2004），家族企业内部关系治理与企业正式的公司治理形成互补关系。

（1）家族内部和谐与家族管理。

中国的传统观念“家和万事兴”，体现在家族企业中即家族成员之间团结一致。但国内因为家族成员之间利益争执或不和导致家族企业破败的例子很多，有学者统计过，家族成员之间的紧张程度每降低4%，则家族企业会增加千分之四的年收入（Olson等，2003）。可见，家族成员之间的关系对家族企业的重要影响。反之，家族企业对家族成员也有深刻影响。若家族企业对家族成员的凝聚力较强，那么家族成员对企业的付出也更多。当家族成员担任家族企业的管家时，可以不计较个人得失，减少自身的空闲时间，尽全力贡献自己才能，则家族企业的发展也会更加顺利，在企业发生困难的时候也更加努力。

家族系统更加注重感情，为了降低风险减少企业的变化，对子女后代的养育义务是毫不犹豫地接受；但企业系统更加注重理性，更愿意面对变化接受挑战，在企业盈利的范围内可以接受相关条件。由于家族系统与企业系统的相互影响，使家族企业有更加复杂的问题。当家族成员将情感纠纷带入企业时，企业面临的问题则更复杂。家族成员虽说同属一个家族，但仍有远近之别，有参与经营的，有参与投资的，有核心家族成员，也有远方亲属，合作比较困难。家族成员之间的矛盾很有可能在企业工作时继续延续，工作对立甚至互相拆台。当家族成员逐渐长大成人后，由于婚姻关系又有新的家族成员进入企业工作，随着他们的加入，家族企业的氛围也会发生微妙变化。随着第二代、第三代甚至第四代家族成员加入企业，家族企业统一的价值观也会受到影响甚至被稀释。与此同时，家族企业自身的权力机制使家族企业治理更加复杂。

家族不是一成不变的，而是处于变动过程中的一个群体和社会组织。由于社会经济的变化，家庭的社会地位也有了变化，家庭关系、家庭结构和功能都是变化的外在体现。在家族企业中，一般只有部分家族成员在企业内工作，与企业有直接联系。有些情况下得到不在家族企业工作的成员支持有利于家族企业的发展，例如，有的家族成员因为事务较多而将精力主要放在企业中，此时不在家族企业工作的成员能够给予较多的支持，可以使企业的家族成就和企业成就同时上升，则家族成员对企业的归属感更加强烈。

中国的“诸子平分”也被用来解释中国的家族企业寿命短暂。有研究表明，田地和房屋等不动产可以按照公允价值折算，在进行平分的同时，却没有实行“商号”的平分，仍然实行分红与报酬相结合的分配激励制度，这是表面的诸子平分，实际单子继承，这促使兄弟之间互相合作和聘任外部经理人制度的形成（周生春和陈倩倩）。

根据 Lubatkin、Ling 和 Schultz（2007）的研究，家族企业普遍存在父母对子女的宠爱，无原则的溺爱会使其他管理人员甚至其他家族成员容易产生不公平感。这类宠爱是一种单向的利他主义，使处于管理层的父母更加关注子女的生活和福利。而其他管理者的不公平感加强了管理者的机会主义动机，有可能会损害家族成员和家族企业的利益。

在中国社会的文化背景下，如何处理家族成员之间的和谐关系与观念碰撞，是家族企业成长发展的重大问题。一般而言，如果家族企业主能够理性地看待问题，随着企业的发展，有能力的家族成员会留在企业，而与职位要求不符的家族成员则会逐渐退出，由有能力的外部管理人员取代。若家族成员之间的矛盾冲突无法解决，势必会将企业逐步拖垮，最终在家族成员自己手中破败。

（2）家族内部和谐与企业传承。

企业可持续发展即关注企业本身存在和发展的可能性。由于家族企业的天然属性，内部传承（例如子承父业）被多数家族企业认为是可持续发展的主要模式。在该模式下，企业发展的程度与成就与家族成员能否和谐相处关系密切。维持家族成员之间的和谐相处，消除家族成员之间的矛盾，不仅可以使家族职能更加协调一致，而且可以促进家族企业的主客观成就，延长家族企业的生命周期。

在较为舒适的环境下或者利益面前，家族内部成员也会为了自身经济利益互不相让。家族企业内部，家族成员之间的信任也难以与经济诱惑相抗衡。有研究表明，即使核心家族成员（也就是父母与子女关系）也不能保证完全的利益一致，更何况泛家族成员的关系。因此，家族成员之间也难以保证互相的信任，进而使建立在家族成员关系上的契约也是不完全的。但不完全的关系契约却最看重家族成员之间的关系价值，而忽略与交易相关的经济价值。这种情况下，家族企业的经营活动则会产生非理性的结果，给家族企业的未来发展留下隐患。

家族内部的关系治理对家族企业而言是非常重要的，忽略家族系统内部关系对企业有很大的危害，甚至是致命的。研究表明，家族企业失衡包括两个方面，一是家族至上，过度关注家族利益会导致企业沟通、业绩评估和战略决策的失误；二是企业至上，过度重视企业会损害家族成员的情感及其忠诚度。无论过度关注哪一方面对企业都是不利的，就长远发展而言，最重要的是在家族与企业之间找到一个平衡点。

现实生活中，有很多由于家族成员关系不和谐导致家族企业失败的案例。例如，由于父子相争使“傻子”牌瓜子毁于一旦；远东皮革企业由于兄弟的股权相争使企业四分五裂。如何解决家族企业在经营过程中的家族成员矛盾对家族企业的成长发展具有关键性的作用，这就需要家族企业走上制度化道路。家族企业具有正式化的结构程序，建立相关的意见表达机制和反馈机制，甚至是家族议事会等。将与家族利益相关的事务和当事者放在议事会中，直接沟通和集中解决家族矛盾，避免失控的场面，同时有助于家族共同探讨问题，制定家族行为规范。

基于以上分析，本章提出研究命题 1：家族内部关系越和谐，家族企业去家族化的可能性就越小。

9.2.2　家族后代能力与企业去家族化

（1）家族后代能力与去家族化。

家族企业能否保持企业竞争力很大程度上取决于企业继承者是否具有能力，是否能够延续上一代的创业与奉献精神。在富裕环境中成长的第二代，有些是社会舆论所贬抑的纨绔子弟，有些是引领企业开展新业务进行战略转型的社会精英。在选择接班家族企业的成员过程中，如果企业主更加注重企业文化的传承和能力培养，而不是家族血缘关系的亲近，则有利于家族企业延续创业精神，有助于家族企业走得更远。

一般而言，家族企业第一代与第二代的家族涉入理念通常不同，而且，家族成员第一代所有权和控制权在同一人手中，这很不利于家族成员之间交流创新观点。家族企业的可持续成长需要家族成员不断保持具有进入新市场和开发新业务的开拓精神和创新能力。与家族第一代相比，家族成员第二代更加关注企业的维持和延续。家族企业如何部署企业的资源和战略与家族成员的价值观和抱负有关。家族成员的企业价值观也是家族企业的一种特质资源，对企业的经营决策、资源调配、战略部署等企业行为有重要的影响。因此，家族性资源与企业的价值创造过程相关，而且家族性资源本身具有特异性，具有不可模仿和不可替代性。

与传统的老一代不同，家族成员的新一代受到专业知识熏陶的同时，具有更广阔的国际化视野，更加热衷企业资本运作，而不是吃苦耐劳地经营事务。但企业的运作不仅靠资本，更核心的工作是各方面的互相配合，若企业管理者没有相关的经营能力，企业的发展势必受到阻碍。更有甚者，由于家族企业主对后代子女的宠爱过多，使后代不仅没有经营企业的能力，连自力更生都要成为问题。倘若家族企业主将企业传承给他们，岂不是亲手将企业的前程断送。此时最好的选择则是在企业价值较高的时段将其转让，将企业交给有能力的人管理，同时家族自身也能获得较高的利益，于企业于家族，都是较好的归宿。

通过家族企业的发展，有些家族企业的所有权和控制权已成功完成了交接工作，但企业并没有持续经营下去（陈文婷，2011），很有可能是因为第二代家族成员只继承了相应的权力，却没有继承相应的能力，这使家族企业很难在竞争激烈的市场环境中生存下去。可见，家族企业的传承，重要的是培育家族成员第二代的相关能力，并将创业最初的创新精神传递下去。事实上，在家族企业权力交接的过程中，第一代家族成员的声誉和经验等能否传承给第二代是非常重要的。

家族成员的后代，若要成为家族企业的继承者，不仅应当充当企业管理者的角色，还应当具有创新的精神，在家族企业的延续过程中不断增强企业的创新能力。家族财富的增长取决于家族成员每一代所积累的家族资源。

（2）家族后代数量与去家族化。

中国的人口政策对家族企业的影响很大，由于计划生育导致的家族企业人力资源不足等问题，使家族企业发展的路途更加坎坷。我国的家族企业多数是在改革开放后成立的，此时正面临着向下一代的交接，若要将企业传承给家族后代，前提条件是家族的后代成员有接班意愿并且有接班能力。中国曾经实施的计划生育政策使多数家庭只有一个孩子，独生子女很难同时满足这两个接班条件。另外，中国传统文化历来看重家族血脉亲情，家族成员之间有共同遵守的生活、工作等规范，对于子女数量较少的家族企业会更加维护成员之间的行为和决策。这两类因素会导致家族企业很难选出合适的继承人。

学术界对于计划生育政策对家族企业影响的研究还处于初步阶段。有学者估算家族企业中有独生子女的家庭占 12.55%，子女数量较少使父辈不舍得将子女放入社会中锻炼，而是将其安置于企业内部进行学习考核等；而且，父母更倾向于从长远角度做出对子女有利的投资和观察，及时发现子女兴趣能力所在，并不强求其与企业的捆绑。

在家族企业的发展过程中，女性的社会地位得到提升，在中国计划生育政策的影响下，一些家族企业只有一个女儿。但受中国传统观念的影响，家族企业还是更加希望由男性继承企业，这使只有女儿的家族企业进行去家族化的可能性加大。

我国的家族企业多数建立在改革开放以后，当时的企业主凭借独到眼光和才干谋略，即使没有受到高等教育，也在利好政策的关键时机开创了家族企业。当前家族成员后代所处的环境与父辈完全不同，子女对家族及企业的价值观念也与父辈不同。很多家族企业主将子女送往国外接受教育，但许多子女出国后受到西方思想的影响，主张个性自由，弱化了家族的观念，根本不愿回来或者回来后也并不愿意接手家族企业。两代家族成员的价值理念多数不同，新一代家族成员更加偏好简单关系的现代企业制度和新兴高科技行业，这使家族企业的继承与转型面临新的挑战。

基于上述分析，本章提出研究命题2：家族后代的能力越强、继承意愿越高，家族企业去家族化的可能性越低。

9.3 案例介绍

（1）引入外部经理人，成功去家族化——李宁公司。

1990年，著名体操运动员李宁结束体育生涯后创立了公司，李宁的队友和亲属组成企业的管理团队，该公司通过李宁个人的声誉和影响力，以快速稳定的状态持续发展。公司成立初期，李宁公司只是健力宝企业下属的一个子公司，而健力宝的产权是国有产权，长此以往，由于产权的限制会影响李宁公司的发展。后来李宁公司与健力宝脱钩，逐步偿还了健力宝当初的投资，由此李宁公司的产权逐渐明晰。1995年至1997年，李宁公司的控股结构与管理层结构已经明确，1997年底，李宁在上海成立股份有限公司，正式实行股份制管理。

企业初建立时，大部分员工都是亲戚或者曾经的队友。随着李宁公司不断发展，业务规模逐渐扩大，李宁意识到，去家族成员和聘用专业人才是必经之路，他不想由于家族中的亲缘关系影响企业的发展，因此必须降低甚至消除企业中家族化浓厚的氛围。随后，李宁的一些亲属，比如当时的集团办公室副主任、销售部经理都陆续辞职。另外，李宁还劝退了当初的一些队友，并给予股份作为补偿。随着“家族成员”的离职，企业引进了所需的专业人才，公司业务迅猛发展。

这就是李宁公司与其他家族企业情感型团队的不同，李宁在公司发展的同时，不断吸收新生力量，多名专业技术人员和管理人员加入公司，使李宁公司的管理团队逐渐职业化，向经验型团队转变，这为李宁公司的未来发展奠定了良好的基础。

在管理制度方面，李宁公司也向现代企业靠近。在企业发展的过程中，内部控制、产品管理和信息交流等方面仍处于原先创业时的水平，已跟不上公司发展的步伐。公司管理者迅速做出决定，引进专业化系统提升企业管理。同时在内部管理方面，李宁公司不仅在人力资本中进行了去家族化，还通过专业咨询机构对公司员工进行分析，逐步完善企业的绩效管理和薪酬管理体系。企业这些方面的变化说明李宁公司逐渐由之前的家族成员创业期进入到按规则办事的现代企业成长期。

1998 年，李宁成立中国第一家运动服饰研发中心，在当时来说，并不是所有厂商都能够投入昂贵的财务资本和耐心，等待研发成果实现。这是李宁公司向跨国运动品牌靠拢的第一步。李宁在卸下公司总经理职务前，曾劝退在公司工作的亲戚，甚至当年的队友。一个家族企业向现代企业的转变从此开始。接下来的几年内，由公司内部的财务总监出任公司总经理，引进了大量的职业经理人。事实上，李宁很少出席有关公司运营的相关会议，更多地出现在公益活动现场。李宁公司的职业经理人团队将李宁发展为国际化的品牌，企业的高管人员说，李宁看重企业的长期投资，坚持只在自己行业中发展，为自身的品牌创造更多内涵。

不仅在管理结构中，李宁大力去家族化，在股权结构中，李宁同样大力引进新投资。2012 年，李宁公司向德太资本和新加坡政府投资公司发行 7.5 亿元的可转债，2013 年又向此两大资本公司和非凡中国发行 18.5 亿港元的可换股证券，以此来缓解财务压力。李宁公司获取融资有一个前提条件，就是债权人要参与公司的管理。例如，2012 年发行的可转债，债权人要求获取公司的部分控制权。

（2）家族成员关系破裂，企业被迫转让——杨协成酱园。

“杨协成”是一个酱园，是杨景连于清末时期在福建漳州创办的。杨景连的长子与次子在早期随父亲一同开展业务，有丰富的管理经验，两人分别负责新加坡酱园与漳州酱园，三儿子在外负责推销业务，四儿子则管理账务，五儿子学成归来后也在酱园工作，兄弟五人共同合作，渡过了很多难关。同时他们鼓励家庭成员去工厂上班，大家一起尽心尽力，毫无怨言，共同将家族酱园发展为享誉东南亚乃至国际的企业品牌。

随后，杨协成酱园传递到第三代家族成员杨志耀的手中，他接管企业后，进行了一系列的改革，推行企业多元化、国际化的战略。但是这些举措都没能推动“杨协成”酱园的进一步发展，首先是养虾场由于亏损不得不出售，其次由于收购重庆公司使集团出现首次亏损。这一系列的问题使家族内部对杨志耀逐渐不满，家族矛盾初现端倪。随后，对杨志耀存有意见的家族成员相继离开公司。由此家族内部逐渐分为两派，两派相争之时，杨志耀的好友却要进行收购，使杨氏家族内部矛盾全面爆发。不久，“杨协成”董事局邀请另外一名股东加入企业，另外，马来西亚的一家实业巨头也开始大量收购“杨协成”的股票，此时家族成员也大都卖掉股票，家族的股权也早已分散。兄弟之间的争斗使家族企业落入他人之手。

（3）家族后代无心继承，企业交由经理人——美的集团。

美的集团由何享健于 20 世纪 60 年代创立，在企业成长 40 年后成为了中国家电行业的领头企业。2012 年，何享健宣布辞去集团董事局主席等职务，只保留大股东和实际控制人的身份，接班董事长的是当时的副董事长兼总裁方洪波，董事会其他高层都是由职业经理人担任。有分析人士认为，这是何享健为了美的更好地跟上现代企业管理的步伐，及时降低甚至清除企业中的家族痕迹。

与此同时，何享健的儿子何剑锋在自己的领域也是名声在外，但种种迹象表明，何剑锋的接班意愿并不强烈。何剑锋先在顺德建立了自己的实业公司，历时八年，发展到拥有了多家子公司。虽然何享健很希望儿子回到自家企业，但何剑锋却想在金融领域打出自己的一片天。一是因为自知在企业内缺乏威信，而且经理人也是非常有能力的；二是他自身的兴趣不在父亲的制造行业中，更青睐资本市场。随后，何剑锋成立了自己的投资管理公司，实现了由实业到投资的转型。自始至终，何剑锋都没有进入美的集团。

（4）职业经理人有才无德（有德无才），企业回归家族治理——兰州黄河集团。

兰州黄河企业集团公司（以下简称黄河集团）前身是杨纪强创办的兰州黄河啤酒厂。在杨纪强的领导下，该集团发展成一个跨地区、跨行业的大型现代企业集团，形成了多种产业融为一体的生产销售渠道。黄河集团的产品有五大系列三十多个品种，是西北地区最大的啤酒生产企业。啤酒厂创立之初，杨纪强通过改造技术与更新设备积累了大量资本。企业在发展过程中先后收购七家企业，使得企业集团规模和效益飞速壮大。

黄河集团创办之初，是典型的家族企业，不仅企业的控制权完全掌握在家族成员手中，而且集团中的关键管理岗位也是由以杨纪强为中心的杨氏家族成员担任。杨纪强任企业董事长，子女分别担任副董事长、印刷经理、销售经理等。其他管理岗位，与财务相关的重要职位也是由不同的儿媳担任。即使儿子的姻亲关系，也被安排在企业各部门的有关岗位上。随着企业的扩张，杨纪强逐渐感觉到企业人力资本与企业壮大之间的不协调，若要进一步发展，必须从外部引进相匹配的专业人才与资源。

1997 年 9 月，杨纪强聘请外部经理人（王雁元）担任集团副总经理，当家族公司上市以后，除了杨纪强本人担任集团公司董事长外，其他职位均由职业经理人担任。在王雁元担任副总经理期间，将公司的股份以低价转让给自己儿子，并多次独自召开董事会议。杨纪强只好通过法律手段维护自身利益，最终王雁元因为经济犯罪被捕。

1999 年 1 月，燕山大学副教授周彦通过招聘来到黄河集团，同时还有另外 7 名高级管理人员。但在同年 5 月，周彦与其他三名管理人员由于没有按照协议约定完成任务，离开了黄河集团。自此，黄河集团的重要管理职务仍交由家族成员担任。杨世江担任上市公司董事长，杨世强与杨世汶担任公司董事，总经理由外部职业经理人担任，黄河集团再次回归到家族企业行列。

9.4 案例分析与讨论

家族企业在成长的过程中，也在不断地尝试向现代企业制度靠近，有些失败了而有些成功了。结合不同的案例，本章分析家族企业在不同情况下的选择。

9.4.1 家族内部和谐、家族后代与企业去家族化

家族内部和谐首先是指家族成员间的感情融洽。创始人的所有后代均涉入企业，而且每个人是均分状态，这非常容易导致家族成员的冲突，因为兄弟姐妹之间的合作是非常难实现的，尽管父辈们希望他们可以很好地合作。即使家族成员之间有着血缘关系，在企业的日常事务上也会有冲突。实际上，家族企业因为此类冲突而失败的案例很多。杨协成的案例说明，家族成员在正式管理企业前，由于受到家族关系的熏陶，因此创始人与家族成员交接会比创始人与外部人员交接容易。当外部资本市场环境较弱，家族企业很难进行筹资时，家族成员可以作为提供资本的一个来源。而且，家族成员提供的资本可以促进家族成员的合作，使其家族更加团结。

其次，家族成员与非家族成员间的友好共处同样重要。当家族企业引入外部人员时，两者的关系是处理家族与企业关系的重要部分。企业要能够按照规则与制度对所有人一视同仁，对企业资源公平分配，家族成员同其他员工一样遵守企业规章制度。李宁公司通过专业机构对企业的人力资源系统进行分析管理，改变了按照个人

偏好分配岗位的现象，对员工的能力与技术进行客观评估，使企业由家族企业的“潜在准则”转向了正规流程和规则。

家族成员与外部经理人的关系不仅取决于家族方面的安排，还取决于职业经理人的道德水平和能力。外部环境的约束机制与企业内部有效的激励机制是保证职业经理人履行职业道德的前提，健全法律制度、完善经理人市场等制度机制可以保护家族企业的利益不被外部人员侵占；企业内部的监督约束机构也可以保障家族成员的利益。从兰州黄河集团案例中我们可以看出，黄河集团引入的职业经理人并不是德才兼备，一方面，杨纪强在引入经理人之前并没有充分了解到相关信息，使企业遭受了损失；另一方面，企业内部的制约机制与激励机制并不完善，黄河集团的经理人权力过大，过于追求自身利益，以至于杨纪强曾经无法召集董事会会议，委托人利益受到严重损害。

从美的集团的案例可以看出，尽管家族长辈有意，但由于子女的继任意愿不强，家族企业仍然交由职业经理人管理。倘若何享健有多个子女，那家族成员就可能不会只作为股东身份支持企业发展了。

从以上案例可以看出，家族成员的和谐保障了企业的持续经营，而家族成员与外部人员的和谐则能大力促进企业的健康快速发展。家族内部的和谐不仅依靠个人，同时有赖于企业的规范化管理和良好的激励约束机制。不仅如此，家族后代的能力与继承意愿对家族企业的传承也具有重要影响。

9.4.2　家族企业去家族化与企业绩效

企业治理模式的改变主要是解决企业中存在的专业化管理和知识水平的问题，对于家族企业而言，治理模式和企业制度的变化不仅影响企业绩效，而且对家族成员的利益也有影响，例如，企业董事会的安排制度会涉及企业岗位和股权的相关安排。从李宁公司的案例中可以看出，企业制度的变革是以管理和知识能力为中心进行的，例如，家族成员退出、李宁本人的退出都是为企业的专门人才留出空间，引进外部投资进行股权分配的导向也是为企业的发展做准备。李宁公司通过合理放权、引入外部人才与投资以及分配股权等方式淡化了企业的家族色彩，使企业拥有了发展所需要的财力资本与人力资本。

家族企业中的家族特性与企业特性互相作用，两个系统之间的调整安排关系到企业的经营效率。以企业价值至上为原则向企业注入新鲜血液后，家族的绩效水平会有新的突破。李宁公司采取了新的投资（例如重组销售渠道）和剥离资产（关闭有关店铺），属于典型的市场化交易（祝继高等，2015）。而且李宁在其他方面（例如篮球、童装）的投入，试图开发新的产品市场，能否成功则需要时间检验。

李宁公司作为民营企业，其前身是家族企业，但能根据不同情况及时调整自身的经营战略，并且利用机构投资者等市场力量努力扭转亏损局面，同时外部的机构投资者也会要求高收益率来弥补其承担的风险。有研究显示，市场给予李宁公司高管变更正向积极的回应，对其扩展新产品新业务的行为也有正向的反应和评价，因此李宁公司的复兴计划不仅对公司有积极的影响，同时还抵消了盈利预警公告的负面影响。李宁公司在市场化的环境下采取的各项措施都得到了市场的正面反馈。经过一系列的改革，李宁公司的毛利率由 2012 年的 37.84% 提高到 2014 年的 44.64%，营业利润率由 2012 年的 -23% 提高到 2014 年的 -7.7%，虽然没有实现扭亏为盈，但大幅度降低了企业的亏损程度。

9.5　本章小结

本章主要分析了家族企业层面的主观因素对家族企业去家族化

的影响。无论家族企业的治理制度多么规范，其始终具有家族特性，便离不开家族成员的主观因素作用。本章首先对家族内部人员关系、家族后代继承意愿与能力方面的文献进行理论分析，其次通过四个不同的案例进行进一步的分析。

家族企业内部关系，一是家族成员间的情感联系，二是家族成员与外部管理者之间的友好共处。本章发现，家族内部关系与企业的生存、持续发展息息相关，家族企业最初建立时，不仅依靠创始人自身的奉献精神，其背后家族的支持也是必不可少的。家族成员之间的情感联系是企业生存的支柱，成员之间关系越好，企业发展的基础也就越好；当家族成员之间由于利益或其他方面而互生嫌隙，则给外部人员并购企业的机会。外部职业经理人依靠自身的专业管理水平可以帮助家族企业突破瓶颈快速发展。对家族企业而言，外部管理人也是一把“双刃剑”，运用得当，可使企业逐步走向正轨，规范企业行为，有利于企业加快发展进程；倘若家族成员与外部管理者之间信息不透明，企业内部的制约机制与激励机制也不完善，家族股东与外部管理者的代理成本则会损害企业的利益。由此可见，企业去家族化不可盲目进行，应在适当的条件下逐步实施。

家族后代的继承意愿与管理能力也是影响家族企业未来走向的重要因素。家族企业若要持续保持家族的控制，必须将企业在家族成员中传承。由于我国计划生育政策的影响，家族后代的数量屈指可数，使“择优继承”的实施有较大难度，此时家族企业去家族化的可能性增加。而且，由于家族后代与企业主的成长环境大为不同，所受教育也千差万别，使家族一代与后代之间的想法各异，当家族后代没有继承意愿时，企业主则不得不将企业交由职业经理人经营，家族企业被迫进行去家族化。

本章首次讨论了家族成员层面的主观因素对家族企业去家族化的影响，发现了家族企业去家族化另一方面的原因，丰富完善了家族企业去家族化的相关探讨与分析。本章的研究有以下两点局限。首先，由于家族成员主观因素较难测量，数据不易获得，本章没有通过实证分析家族成员层面因素对企业去家族化的影响；其次，本章只是从家族成员层面推理出企业去家族化的初步影响因素，究竟家族内部人员及家族后代对去家族化的影响机制如何，有待进一步研究。

第10章 结论与启示

10.1　主要研究结论

本书首先对家族企业的定义进行了梳理，回顾了家族企业的内外部发展及其理论，并简要地叙述了家族企业的历史起源与变迁。其次，通过对家族企业进行不同的分类，分别探讨了家族企业在不同环境下的不同走向。再次，从企业层面和行业层面分别研究了影响家族企业去家族化的因素，分析了家族企业在去家族化前后的绩效水平变化。最后，通过案例说明家族成员内部与家族后代对家族企业去家族化的影响。本书主要结论如下：

首先，从企业层面研究了影响家族企业去家族化的因素。回归结果表明，家族企业分析师跟踪人数对所有家族企业样本的作用与对分样本去家族化家族企业的作用不同。在全样本中，分析师跟踪人数越多，企业越不倾向于去家族化；在去家族化的分样本中，分析师跟踪人数越多，企业越倾向于去家族化。为了进一步检验企业信息透明度对去家族化的影响，本书将家族企业分为直接上市和间接上市的家族企业，分别检验信息透明度对去家族化的影响，结果表明，在直接上市方式下，信息透明度的提升弱化了企业的去家族化行为，说明家族企业将信息透明度视作一种信号，向外界说明家族企业自身的竞争优势；在间接上市方式下，企业信息透明度的提升加强了企业的去家族化，说明信息透明度的提升抑制了家族成员的控制权私利行为，从而使家族成员逐渐退出。家族财富对家族企业去家族化的作用同样受到家族企业类型的影响，在直接上市方式下，家族成员追求企业和家族价值最大化，家族企业财富越多，越不倾向于去家族化；在间接上市方式下，家族成员追求自身利益最大化，家族财富越多使企业可以通过去家族化得到更多的利益，此时家族财富促进了企业的去家族化。企业声誉通过企业的违规行为衡量，当企业存在违规行为时，企业的声誉会受到影响，家族会逐渐退出企业。在信息透明度的影响下，家族的违规行为对企业去家族化的影响更加强烈。由此而言，企业信息透明度、家族财富和企业声誉对不同类型的家族企业的影响是不同的，企业信息的开放度和市场信息的流动性可以增强企业自身行为对去家族化的影响作用。

其次，从外部因素、行业层面分析了影响家族企业去家族化的因素，使用是否处于高科技行业、行业壁垒、地区市场化进程三个代理变量，考察了行业因素对家族企业去家族化的影响。实证研究发现，企业所处行业的科技含量越高，企业的研发投入就越高，家族企业越不轻易进行去家族化。企业所处的行业壁垒越高，家族企业更易进行去家族化；对分样本的家族企业去家族化的回归结果表明，间接上市的家族企业更容易受到行业壁垒的影响，导致其进行去家族化；而直接上市的家族企业对行业壁垒的变化有一定的适应度，不会轻易进行去家族化。本书还进一步检验了较高行业壁垒和较低行业壁垒对家族企业去家族化的影响，发现处于较高行业壁垒的家族企业对行业壁垒的变化更加敏感，而在较低行业壁垒环境下的家族企业对其变化则比较迟钝。制度环境并不会直接影响企业的去家族化，本书检验了地区市场化进程对企业内部因素的作用及其对企业去家族化的影响，发现市场化进程显著影响了内部因素对去家族化的作用。在家族企业直接上市的情况下，市场化进程越快，信息透明度越高，企业越倾向于去家族化；家族财富越多，家族成员越不倾向于退出；在间接上市的情况下，市场化进程越快，信息透明度越高，家族财富越多，家族不会轻易进行去家族化。结论表明，有效提高行业技术含量、降低行业壁垒，有助于家族企业进一步扩大平等发展。研究结果表明，行业因素对家族企业去家族化有显著影响，通过开放外部环境的竞争状态，有利于企业更加健康地转型发展。

再次，分析了家族企业去家族化方式对企业绩效的影响，发现不同的去家族化方式对企业绩效水平的作用也不同。同时从家族企业上市方式角度出发，验证了不同的去家族化方式对不同类型家族企业的影响，结果表明，引入外部经理的去家族化方式对企业绩效有显著提升效果，而企业转让的去家族化方式对企业绩效没有显著影响。而且，在不同上市类型的家族企业中，吸收外部专业人才对直接上市的家族企业帮助最大，对于间接上市的家族企业没有显著作用；企业转让在一定程度上提升了直接上市家族企业的绩效水平，而对于间接上市的家族企业仍然没有显著影响。此外，通过去家族化的企业与未去家族化企业之间的横向对比，发现企业去家族化前，其绩效已经显著低于其他家族企业；当企业去家族化后，与其他企业的绩效水平差距缩小。进一步针对去家族化的企业进行了纵向分析和比较，发现引入外部经理人可以显著提高企业绩效水平，但企业变更实际控制人（转让或出售）对企业绩效的影响不大。

最后，对于家族企业而言，企业核心制度与经济利益和家族利益紧密相关。家族企业去家族化包含企业外部制度与核心制度的变化，这样的变化是由外及内的。一般而言，家族企业变革的开端是开放岗位，一是为专业人才预留空间，二是可以根据企业的需求随时收回岗位。在企业内部控制系统比较完善的情况下，引入外部经理人的概率比较大，例如李宁公司和美的集团。变革的第二位是股权的开放，开放股权不仅会影响家族对企业的控制，也会影响管理层的激励与外部资本，因此开放股权比开放企业岗位更要慎重。

家族和企业是两个合为一体的系统，两者之间存在着相生相斥的作用。两者和谐共处时，企业健康成长，家族其乐融融；当两者之间产生矛盾时，如何平衡、调整家族与企业的关系是非常重要的。家族企业去家族化为这一矛盾提供了解决的契机。成功转型的家族企业都有相似的处理方法，即“企业优先”和任人唯贤。为了使公司的现代化进程正常进行，李宁本人首先放权，起到了带头作用，使家族成员退出和引进专业人才的机制得以有效发挥。同样，方太集团的茅理翔曾经与妻子约定，家族内的亲属不可担任车间主任以上的职务。没有家族成员在企业工作，不仅避免了亲属之间可能存在的矛盾，而且有利于企业员工按照规章制度办事，在规范员工行为的同时提高了企业的运营效率。

10.2 研究启示

首先，应当进一步优化经理人市场，加强企业吸收外部职业经理人制度建设。本书的实证研究表明，家族企业引入外部经理人可以有效弥补家族成员的知识缺口，提升企业绩效，促进企业发展。

其次，促进市场信息公平、公正、公开，加强企业信息披露制度，增强企业信息透明度，有效提高企业外部环境的公开平等。本研究证明了行业因素对家族企业去家族化有显著影响，加强行业的创新能力，为企业创造更开放的外部环境，可以对市场中的企业进行优胜劣汰，进一步激励企业引入人才，实现良性发展。

最后，规范企业上市制度，本研究发现不同的上市方式可以在一定程度上反映家族企业的经营意愿，为了更好地保护家族企业的中小股东权益，建议加强对企业上市的监督，确保企业上市前后的经营表现一致。

10.3　研究局限与展望

本书初步分析了家族企业的内外部因素对家族企业去家族化的影响，限于数据、时间和本人的研究水平，本书尚有以下不足之处：

1. 关于家族企业去家族化的衡量方式。本书的主要研究内容是家族企业的去家族化及其影响因素，在考察企业去家族化的过程中，由于受多种因素的影响，本书仅采用哑变量衡量了两种去家族化方式，略显不足。

2. 对家族企业的分类标准。不同的家族企业经营企业的初衷与意愿不同，并且会随着时间变化而变化，这些数据很难获得，本书虽然通过上市方式对不同的家族企业进行了区分，但仍然无法完全契合家族企业的经营理念。

3. 关于家族成员内部的和谐程度与家族后代的继承意愿及能力水平衡量。由于数据的可获得性，针对该部分的研究，本书仅使用了案例分析，得出的结论可能并不完整。

主要参考文献

[1] ACHLEITNER A – K, KASERER C, KAUF T, 2012. The dynamics of voting ownership in lone – founder, family – founder, and heir firms [J]. Journal of Family Business Strategy, 3 (2): 79 – 96.

[2] ACQUAAH M, 2011. Utilization and value of social networking relationships in family and nonfamily firms in an African transition economy [J]. European Management Journal, 29 (5): 347 – 361.

[3] AGHION P, HARRIS C, VICKERS J, 1997. Competition and growth with step – by – step innovation: An example [J]. European Economic Review, 41 (3 – 5): 771 – 782.

[4] ALI A, CHEN T – Y, RADHAKRISHNAN S, 2007. Corporate disclosures by family firms [J]. Journal of Accounting and Economics, 44 (1): 238 – 286.

[5] AMORE M D, MINICHILLI A, CORBETTA G, 2011. How do managerial successions shape corporate financial policies in family firms? [J]. Journal of Corporate Finance, 17 (4): 1016 – 1027.

[6] ANDERSON R C, DURU A, REEB D M, 2012. Investment policy in family controlled firms [J]. Journal of Banking & Finance, 36 (6): 1744 – 1758.

[7] ANDERSON R C, REEB D M, 2003. Founding – Family Ownership and Firm Performance: Evidence from the S&P 500 [J]. The Journal of Finance, 58 (3).

[8] ANDERSON R C, REEB D M, ZHAO W L, 2012. Family –

Controlled Firms and Informed Trading: Evidence from Short Sales [J]. Journal of Finance, 67 (1): 351 -385.

[9] ANDRES C, 2008. Large shareholders and firm performance—An empirical examination of founding - family ownership [J]. Journal of Corporate Finance, 14 (4): 431 -445.

[10] ANSARI I F, GOERGEN M, MIRA S, 2014. The determinants of the CEO successor choice in family firms [J]. Journal of Corporate Finance, 28: 6 -25.

[11] ASHRAF R, LI H, RYAN H E, 2020. Dual agency problems in family firms: Evidence from director elections [J]. Journal of Corporate Finance, 62: 101556.

[12] AZOURY A, DAOU L, SLEIATY F, 2013. Employee engagement in family and non - family firms [J]. International Strategic Management Review, 1 (1): 11 -29.

[13] BARCLAY M J, HOLDERNESS C G, 1989. Private benefits from control of public corporations [J]. Journal of Financial Economics, 25 (2): 371 -395.

[14] BASCO R, 2013. The family's effect on family firm performance: A model testing the demographic and essence approaches [J]. Journal of Family Business Strategy, 4 (1): 42 -66.

[15] BENNEDSEN M, WOLFENZON D, 2000. The balance of power in closely held corporations [J]. Journal of Financial Economics, 58 (1): 113 -139.

[16] BERNILE G, KUMAR A, SULAEMAN J, 2015. Home away from Home: Geography of Information and Local Investors [J]. The Review of Financial Studies, 28 (7): 2009 -2049.

[17] BERTRAND, MARIANNE, SCHOAR, ET AL, 2006. The Role of Family in Family Firms [J]. Journal of Economic Perspectives.

[18] BINZ C, HAIR J F, PIEPER T M, ET AL, 2013. Exploring the effect of distinct family firm reputation on consumers' preferences [J]. Journal of Family Business Strategy, 4 (1): 3 – 11.

[19] BLOCK J, WAGNER M, 2014. Ownership versus management effects on corporate social responsibility concerns in large family and founder firms [J]. Journal of Family Business Strategy, 5 (4): 339 – 346.

[20] BLOCK J H, 2012. R&D investments in family and founder firms: An agency perspective [J]. Journal of Business Venturing, 27 (2): 248 – 365.

[21] BOTERO I C, 2014. Effects of communicating family ownership and organisational size on an applicant's attraction to a firm: An empirical examination in the USA and China [J]. Journal of Family Business Strategy, 5 (2): 184 – 196.

[22] BRUQUE S, MOYANO J, 2007. Organisational determinants of information technology adoption and implementation in SMEs: The case of family and cooperative firms [J]. Technovation, 27 (5): 241 – 253.

[23] BURKHART M, PANUNZI F, SHLEIFER A, 2003. Family Firms [J]. Journal of Finance, 58 (5).

[24] CABRERA – SUáREZ M K, DéNIZ – DéNIZ M D L C, MARTíN – SANTANA J D, 2014. The setting of non – financial goals in the family firm: The influence of family climate and identification [J]. Journal of Family Business Strategy, 5 (3): 289 – 299.

[25] CAMPOPIANO G, RINALDI F R, SCIASCIA S, ET AL, 2019. Family and non – family women on the board of directors: Effects on corporate citizenship behavior in family – controlled fashion firms [J]. Journal of Cleaner Production, 214: 41 – 51.

[26] CAO J, CUMMING D, WANG X, 2015. One - child policy and family firms in China [J]. Journal of Corporate Finance, 33: 317 - 329.

[27] CESINGER B, HUGHES M, MENSCHING H, ET AL, 2016. A socioemotional wealth perspective on how collaboration intensity, trust, and international market knowledge affect family firms' multinationality [J]. Journal of World Business, 51 (4): 586 - 599.

[28] CHOU S - C, SHIH C - J, 2020. Like father, like son? Diversification decision and related performance of family firm successors - Evidence from Taiwan [J]. The Quarterly Review of Economics and Finance, 75: 209 - 220.

[29] CHRISMAN J J, CHUA J H, SHARMA P, 2010. Trends and Directions in the Development of a Strategic Management Theory of the Family Firm [J]. Social Science Electronic Publishing, 29 (5): 555 - 576.

[30] CHU W, 2011. Family ownership and firm performance: Influence of family management, family control, and firm size [J]. Asia Pacific journal of management: APJM.

[31] CLAESSENS S, DJANKOV S, LANG L H P, 2000. The separation of ownership and control in East Asian Corporations [J]. Journal of Financial Economics, 58 (1): 81 - 112.

[32] CLAYTON M J, JORGENSEN B N, 2011. Corporate equity ownership, investment, and product market relationships [J]. Journal of Corporate Finance, 17 (5): 1377 - 1388.

[33] CRUZ C, JUSTO R, DE CASTRO J O, 2012. Does family employment enhance MSEs performance? Integrating socioemotional wealth and family embeddedness perspectives [J]. Journal of Business Venturing, 27 (1): 62 - 76.

［34］ CUCCULELLI M, MARCHIONNE F, 2012. Market opportunities and owner identity: Are family firms different? ［J］. Journal of Corporate Finance, 18 (3): 476 – 495.

［35］ D'AURIZIO L, OLIVIERO T, ROMANO L, 2015. Family firms, soft information and bank lending in a financial crisis ［J］. Journal of Corporate Finance, 33: 279 – 292.

［36］ D'ALLURA G M, 2019. The leading role of the top management team in understanding family firms: Past research and future directions ［J］. Journal of Family Business Strategy, 10 (2): 87 – 104.

［37］ DE MASSIS A, KOTLAR J, CAMPOPIANO G, ET AL, 2013. Dispersion of family ownership and the performance of small – to – medium size private family firms ［J］. Journal of Family Business Strategy, 4 (3): 166 – 175.

［38］ DEBICKI B J, KELLERMANNS F W, CHRISMAN J J, ET AL, 2016. Development of a socioemotional wealth importance (SEWI) scale for family firm research ［J］. Journal of Family Business Strategy, 7 (1): 47 – 57.

［39］ DEBICKI B J, RAMíREZ – SOLíS E R, BAñOS – MONROY V I, ET AL, 2020. The impact of strategic focus on relational capital: A comparative study of family and non – family firms ［J］. Journal of Business Research, 119: 585 – 598.

［40］ DEL CARMEN BRIANO – TURRENT G, POLETTI – HUGHES J, 2017. Corporate governance compliance of family and non – family listed firms in emerging markets: Evidence from Latin America ［J］. Journal of Family Business Strategy, 8 (4): 237 – 247.

［41］ DEMSETZ H, 1988. Ownership, control, and the firm ［J］. B Blackwell.

［42］ DI GIULI A, CASELLI S, GATTI S, 2011. Are small family firms financially sophisticated? [J]. Journal of Banking & Finance, 35 (11): 2931 -2944.

[43] DIBRELL C, MARSHALL D R, PALAR J M, ET AL, 2019. New director selection during growth in family - influenced and lone founder firms: An identity fit perspective [J]. Journal of Business Research, 101: 1 -11.

[44] DOU J, WANG N, SU E, ET AL, 2020. Goal complexity in family firm diversification: Evidence from China [J]. Journal of Family Business Strategy, 11 (1): 100 -310.

[45] DURéNDEZ A, MADRID - GUIJARRO A, 2018. The impact of family influence on financial reporting quality in small and medium family firms [J]. Journal of Family Business Strategy, 9 (3): 205 -218.

[46] ELSBACH K D, PIEPER T M, 2019. How psychological needs motivate family firm identifications and identifiers: A framework and future research agenda [J]. Journal of Family Business Strategy, 10 (3): 100 -289.

[47] ENSLEY M D, PEARSON A W, SARDESHMUKH S R, 2007. The negative consequences of pay dispersion in family and non - family top management teams: an exploratory analysis of new venture, high - growth firms [J]. Journal of Business Research, 60 (10): 1039 -1047.

[48] EUGSTER N, 2019. Family firms and financial analyst activity [J]. Pacific - Basin Finance Journal, 57: 101 -005.

[49] FACCIO M, LANG L, 2002. The Ultimate Ownership of Western European Corporations [J]. Journal of Financial Economics, 65 (3): 365 -395.

[50] FACCIO M, LANG L H P, 2002. The ultimate ownership of

Western European corporations [J]. Journal of Financial Economics, 65 (3): 365 - 395.

[51] FAMA E F, JENSEN M C, 1983. Agency Problems and Residual Claims [J]. Journal of Law & Economics, 26 (2): 327 - 349.

[52] FAN J, JIAN M, YEH Y H, 2008. Succession: The Roles of Specialized Assets and Transfer Costs [J]. Social Science Electronic Publishing.

[53] GAM Y K, KANG M J, PARK J, ET AL. 2020. How inheritance law affects family firm performance: Evidence from a natural experiment [J]. Pacific - Basin Finance Journal, 59: 101 - 243.

[54] GARCíA LARA J M, GARCíA OSMA B, PENALVA F, 2016. Accounting conservatism and firm investment efficiency [J]. Journal of Accounting and Economics, 61 (1): 221 - 238.

[55] GEORGE R, KABIR R, 2008. Business groups and profit redistribution: A boon or bane for firms? [J]. Journal of Business Research, 61 (9): 1004 - 1014.

[56] GóMEZ - MEJíA L R, HERRERO I, 2022. Back to square one: The measurement of Socioemotional Wealth (SEW) [J]. Journal of Family Business Strategy: 100 - 480.

[57] GONZáLEZ M, GUZMáN A, PABLO E, ET AL, 2019. Is board turnover driven by performance in family firms? [J]. Research in International Business and Finance, 48: 169 - 186.

[58] GOTTSCHALCK N, GUENTHER C, KELLERMANNS F, 2020. For whom are family - owned firms good employers? An exploratory study of the turnover intentions of blue - and white - collar workers in family - owned and non - family - owned firms [J]. Journal of Family Business Strategy, 11 (3): 100 - 281.

[59] GROSFELD I, 2009. Large shareholders and firm value:

Are high - tech firms different? [J]. Economic Systems, 33 (3): 259 -277.

[60] GROSSMAN S, HART O, 1980. Disclosure laws and take - over bids [J]. Journal of Accounting Research, 23: 123 -145.

[61] HAMID M A, ABDULLAH A, KAMARUZZAMAN N A, 2015. Capital Structure and Profitability in Family and Non - Family Firms: Malaysian Evidence [J]. Procedia Economics and Finance, 31: 44 -55.

[62] HANAZAKI M, LIU Q, 2007. Corporate governance and investment in East Asian firms—empirical analysis of family - controlled firms [J]. Journal of Asian Economics, 18 (1): 76 -97.

[63] HANSEN C, BLOCK J, 2020. Exploring the relation between family involvement and firms′ financial performance: A replication and extension meta - analysis [J]. Journal of Business Venturing Insights, 13: 100 -158.

[64] HAUCK J, PRüGL R, 2015. Innovation activities during intra - family leadership succession in family firms: An empirical study from a socioemotional wealth perspective [J]. Journal of Family Business Strategy, 6 (2): 104 -118.

[65] HE X, ZHU M R, 2020. Are interim CEOs just caretakers? [J]. Journal of Corporate Finance, 61: 101 -420.

[66] HEINO N, TUOMINEN P, JUSSILA I, 2020. Listed Family Firm Stakeholder Orientations: The Critical Role of Value - creating Family Factors [J]. Journal of Family Business Strategy, 11 (4): 100 -376.

[67] HENDERSON P, ISLAM R, BA CHMAN P, ET AL, 2017, Deep Reinforcement Learning that Matters [J].

[68] HUANG H, LEE E, LYU C, ET AL, 2020. Bequest motive, information transparency, and family firm value: A natural exper-

iment [J]. Journal of Corporate Finance, 65: 101 - 751.

[69] ISAKOV D, WEISSKOPF J - P, 2014. Are founding families special blockholders? An investigation of controlling shareholder influence on firm performance [J]. Journal of Banking & Finance, 41: 1 - 16.

[70] JAGGI B, LEUNG S, GUL F, 2009. Family control, board independence and earnings management: Evidence based on Hong Kong firms [J]. Journal of Accounting and Public Policy, 28 (4): 281 - 300.

[71] JENSEN M C, MECKLING W H, 1979. Theory of the Firm: Managerial Behavior, Agency Costs, and Ownership Structure [M] //BRUNNER K. Economics Social Institutions: Insights from the Conferences on Analysis & Ideology. Dordrecht: Springer Netherlands.

[72] JIANG F, CAI X, NOFSINGER J R, ET AL, 2020. Can reputation concern restrain bad news hoarding in family firms? [J]. Journal of Banking & Finance, 114: 105 - 808.

[73] JIANG F, SHI W, ZHENG X, 2020. Board chairs and R&D investment: Evidence from Chinese family - controlled firms [J]. Journal of Business Research, 112: 109 - 118.

[74] JOSEPH, P. H, FAN, ET AL, 2002. Corporate ownership structure and the informativeness of accounting earnings in East Asia [J]. Journal of Accounting and Economics.

[75] KANG S H, KUMAR P, LEE H, 2006. Agency and Corporate Investment: The Role of Executive Compensation and Corporate Governance [J]. The Journal of Business, 79 (3): 1127 - 1147.

[76] KELLERMANNS F W, EDDLESTON K A, 2007. A family perspective on when conflict benefits family firm performance [J]. Journal of Business Research, 60 (10): 1048 - 1057.

[77] KIDWELL R E, HOY F, IBARRECHE S, 2012. "Ethnic" family business or just family business? Human resource practices in the ethnic family firm [J]. Journal of Family Business Strategy, 3 (1): 12 - 17.

[78] KIM Y, GAO F Y, 2013. Does family involvement increase business performance? Family - longevity goals' moderating role in Chinese family firms [J]. Journal of Business Research, 66 (2): 265 - 274.

[79] KIM Y, PARK M S, WIER B, 2012. Is Earnings Quality Associated with Corporate Social Responsibility? [J]. Accounting Review, 87 (3): 761 - 796.

[80] KING M R, SANTOR E, 2008. Family values: Ownership structure, performance and capital structure of Canadian firms [J]. Journal of Banking & Finance, 32 (11): 2423 - 2432.

[81] LANDRY S, FORTIN A, CALLIMACI A. 2013. Family firms and the lease decision [J]. Journal of Family Business Strategy, 4 (3): 176 - 187.

[82] LEE T, 2019. Management ties and firm performance: Influence of family governance [J]. Journal of Family Business Strategy, 10 (2): 105 - 118.

[83] LóPEZ - DELGADO P, DIéGUEZ - SOTO J, 2015. Lone founders, types of private family businesses and firm performance [J]. Journal of Family Business Strategy, 6 (2): 73 - 85.

[84] LUDE M, PRüGL R, 2018. Why the family business brand matters: Brand authenticity and the family firm trust inference [J]. Journal of Business Research, 89: 121 - 134.

[85] MAHTO R, MCDOWELL W C, DAVIS P, 2020. Influence and values: The connection between participation and commitment in

family firms [J]. Journal of Business Research, 112: 354 - 362.

[86] MCGUIRE J, DOW S, IBRAHIM B, 2012. All in the family? Social performance and corporate governance in the family firm [J]. Journal of Business Research, 65 (11): 1643 - 1650.

[87] MEMILI E, CHRISMAN J J, CHUA J H, ET AL, 2011. The determinants of family firms' subcontracting: A transaction cost perspective [J]. Journal of Family Business Strategy, 2 (1): 26 - 33.

[88] MILLER D, LE BRETON - MILLER I, LESTER R H, ET AL, 2007. Are family firms really superior performers? [J]. Journal of Corporate Finance, 13 (5): 829 - 858.

[89] MORCK R, YEUNG B, 2003. Agency Problems in Large Family Business Groups [J]. Entrepreneurship Theory and Practice.

[90] MUñOZ - BULLON F, SANCHEZ - BUENO M J, SUáREZ - GONZáLEZ I, 2018. Diversification decisions among family firms: The role of family involvement and generational stage [J]. BRQ Business Research Quarterly, 21 (1): 39 - 52.

[91] MURRO P, PERUZZI V, 2019. Family firms and access to credit. Is family ownership beneficial? [J]. Journal of Banking & Finance, 101: 173 - 187.

[92] NASON R S, CARNEY M, LE BRETON - MILLER I, ET AL, 2019. Who cares about socioemotional wealth? SEW and rentier perspectives on the one percent wealthiest business households [J]. Journal of Family Business Strategy, 10 (2): 144 - 158.

[93] NG P Y, DAYAN M, DI BENEDETTO A, 2019. Performance in family firm: Influences of socioemotional wealth and managerial capabilities [J]. Journal of Business Research, 102: 178 - 190.

[94] PéREZ - GONZáLEZ F, 2006. Inherited Control and Firm Performance [J]. American Economic Review, 96 (5): 1559 - 1588.

[95] PINHEIRO R, YUNG C. 2015. CEOs in family firms: Does junior know what he's doing? [J]. Journal of Corporate Finance, 33: 345 -361.

[96] POLETTI - HUGHES J, WILLIAMS J, 2019. The effect of family control on value and risk - taking in Mexico: A socioemotional wealth approach [J]. International Review of Financial Analysis, 63: 369 -381.

[97] RAFAEL, LA, PORTA, ET AL, 1999. Corporate Ownership Around the World [J]. Journal of Finance.

[98] RAZZAQUE R M R, ALI M J, MATHER P, 2020. Corporate governance reform and family firms: Evidence from an emerging economy [J]. Pacific - Basin Finance Journal, 59: 101 -260.

[99] RIVIEZZO A, GAROFANO A, NAPOLITANO M R, ET AL, 2015. Moving forward or running to standstill? Exploring the nature and the role of family firms' strategic orientation [J]. Journal of Family Business Strategy, 6 (3): 190 -205.

[100] RONALD, C. , ANDERSON, ET AL, 2009. Founders, heirs, and corporate opacity in the United States [J]. Journal of Financial Economics.

[101] SANCHEZ - FAMOSO V, MASEDA A, ITURRALDE T, 2013. Relationship between family and non - family social capital: The case of Spanish family firms [J]. Revista Europea de Dirección y Economía de la Empresa, 22 (4): 177 -185.

[102] SCHMID T, 2013. Control considerations, creditor monitoring, and the capital structure of family firms [J]. Journal of Banking & Finance, 37 (2): 257 -272.

[103] SCHMID T, ACHLEITNER A - K, AMPENBERGER M, ET AL, 2014. Family firms and R&D behavior - New evidence from a

large - scale survey [J]. Research Policy, 43 (1): 233 - 244.

[104] SCHULZE, WILLIAM, S., ET AL, 2001. Agency Relationships in Family Firms: Theory and Evidence [J]. Organization Science.

[105] SCIASCIA S, MAZZOLA P, KELLERMANNS F W, 2014. Family management and profitability in private family - owned firms: Introducing generational stage and the socioemotional wealth perspective [J]. Journal of Family Business Strategy, 5 (2): 131 - 137.

[106] SHEN N, SU J, 2017. Religion and succession intention - Evidence from Chinese family firms [J]. Journal of Corporate Finance, 45: 150 - 161.

[107] SHIM J, OKAMURO H, 2011. Does ownership matter in mergers? A comparative study of the causes and consequences of mergers by family and non - family firms [J]. Journal of Banking & Finance, 35 (1): 193 - 203.

[108] SHLEIFER A, VISHNY R W, 1997. A Survey of Corporate Governance [J]. Journal of Finance, 52.

[109] SILVA F, MAJLUF N, 2008. Does family ownership shape performance outcomes? [J]. Journal of Business Research, 61 (6): 609 - 614.

[110] STIJN, CLAESSENS, AND, ET AL, 2000. The separation of ownership and control in East Asian Corporations [J]. Journal of Financial Economics.

[111] TOP S, ATAN Ö, ÖGE E, ET AL, 2013. Evaluation of Family Effects in the Context of Power, Experience and Culture on Business and Management in the Family Firms [J]. Procedia - Social and Behavioral Sciences, 99: 956 - 965.

[112] VILLALONGA B, AMIT R, 2010. Family Control of Firms

and Industries [J]. Financial Management, 39.

[113] VILLALONGA B, AMIT R, 2009. How Are U. S. Family Firms Controlled [J]. Review of Financial Studies, 22 (8): 3047 - 3091.

[114] VILLALONGA B, AMIT R H, 2004. How Do Family Ownership, Control and Management Affect Firm Value? [J]. SSRN Electronic Journal, 80 (2): 385 - 417.

[115] VILLALONGA B, MCGAHAN A M, 2005. The choice among acquisitions, alliances, and divestitures [J]. Strategic Management Journal, 26.

[116] WALDKIRCH M, 2020. Non - family CEOs in family firms: Spotting gaps and challenging assumptions for a future research agenda [J]. Journal of Family Business Strategy, 11 (1): 100 - 305.

[117] WOREK M, DE MASSIS A, WRIGHT M, ET AL, 2018. Acquisitions, disclosed goals and firm characteristics: A content analysis of family and nonfamily firms [J]. Journal of Family Business Strategy, 9 (4): 250 - 267.

[118] WU C - H, 2013. Family ties, board compensation and firm performance [J]. Journal of Multinational Financial Management, 23 (4): 255 - 271.

[119] WU Z, CHUA J H, CHRISMAN J J, 2007. Effects of family ownership and management on small business equity financing [J]. Journal of Business Venturing, 22 (6): 875 - 895.

[120] XU K, HITT M A, DAI L, 2020. International diversification of family - dominant firms: Integrating socioemotional wealth and behavioral theory of the firm [J]. Journal of World Business, 55 (3): 101071.

[121] ZELLWEGER T M, KELLERMANNS F W, EDDLESTON

K A, ET AL, 2012. Building a family firm image: How family firms capitalize on their family ties [J]. Journal of Family Business Strategy, 3 (4): 239 – 250.

[122] ZHOU H, HE F, WANG Y, 2017. Did family firms perform better during the financial crisis? New insights from the S&P 500 firms [J]. Global Finance Journal, 33: 88 – 103.

[123] 陈德球, 魏刚, 肖泽忠, 2013. 法律制度效率、金融深化与家族控制权偏好 [J]. 经济研究, (10): 14.

[124] 陈建林, 2011. 利他主义、代理成本与家族企业成长 [J]. 管理评论, 23 (9): 8.

[125] 陈建林, 2012. 上市家族企业管理模式对代理成本的影响——代理理论和利他主义理论的争论和整合 [J]. 管理评论, 24 (5): 7.

[126] 陈凌, 2006. 民营经济与中国家族企业成长 [M].

[127] 陈凌, 李新春, 储小平, 2011. 中国家族企业的社会角色: 过去、现在和未来 [M].

[128] 陈然方, 2006. 亲族信任、治理结构与公司绩效: 以中国家族上市公司为例 [J]. 世界经济, 29 (4): 7.

[129] 陈文婷, 2011. 创业学习与家族企业跨代企业家的创业选择 [J]. 经济管理, (8): 13.

[130] 陈文婷, 李新春, 2008. 上市家族企业股权集中度与风险倾向、市场价值研究——基于市场化程度分组的实证 [J]. 中国工业经济, (10): 11.

[131] 陈小悦, 徐晓东, 2001. 股权结构、企业绩效与投资者利益保护 [J]. 经济研究, (11): 10.

[132] 陈晓红, 尹哲, 吴旭雷, 2007. "金字塔结构"、家族控制与企业价值——基于沪深股市的实证分析 [J]. 南开管理评论, 10 (5): 8.

［133］何轩，马骏，李胜文，2014. 企业竞合关系中企业家精神配置的双重均衡——基于广药与加多宝“王老吉”之争的案例研究［J］. 管理学报，11（7）：13.

［134］何轩，宋丽红，朱沆，等，2014. 家族为何意欲放手？——制度环境感知、政治地位与中国家族企业主的传承意愿［J］. 管理世界，(2)：13.

［135］何轩，朱沆，2007. 基于资源观视角的家族涉入与家族企业竞争优势探讨［J］. 外国经济与管理，29（11）：7.

［136］贺小刚，连燕玲，2009. 家族权威与企业价值：基于家族上市公司的实证研究［J］. 经济研究，(4)：13.

［137］贺小刚，连燕玲，余冬兰，2010. 家族和谐与企业可持续成长——基于家族权力配置的视角［J］. 经济管理，(1)：11.

［138］黄速建，2008. 中国民营企业治理演进问题研究［M］.

［139］姜付秀，石贝贝，马云飙，2016. 信息发布者的财务经历与企业融资约束［J］. 经济研究，51（6）：15.

［140］姜付秀，郑晓佳，蔡文婧，2017. 控股家族的“垂帘听政”与公司财务决策［J］. 管理世界，(3)：21.

［141］李欢，郑杲娉，徐永新，2014. 家族企业“去家族化”与公司价值——来自我国上市公司的经验证据［J］. 金融研究，(11)：15.

［142］李前兵，颜光华，丁栋虹. 2006. 家族企业引入职业经理后的内部治理模式与企业绩效——来自中小家族企业的证据［J］. 经济科学，(2)：10.

［143］李维安，武立东，2002. 公司治理教程［M］.

［144］李新春，韩剑，李炜文，2015. 传承还是另创领地？——家族企业二代继承的权威合法性建构［J］. 管理世界，(6)：15.

［145］李新春，苏琦，董文卓，2006. 公司治理与企业家精神

[J]. 经济研究, 41 (2): 12.

[146] 李增泉, 孙铮, 王志伟, 2004. "掏空"与所有权安排——来自我国上市公司大股东资金占用的经验证据 [J]. 会计研究, (12): 11.

[147] 连燕玲, 贺小刚, 张远飞, 等, 2012. 危机冲击、大股东"管家角色"与企业绩效——基于中国上市公司的实证分析 [J]. 管理世界, (09): 142-155.

[148] 梅琳, 贺小刚, 李婧, 2012. 创始人渐进退出还是激进退出? ——对创业家族企业的实证分析 [J]. 经济管理, (1): 11.

[149] 苏琦, 李新春, 2004. 内部治理、外部环境与中国家族企业生命周期 [J]. 管理世界, (10): 12.

[150] 宿毛毛, 2013. 家族控制、治理环境和公司价值 [D]. 浙江财经学院.

[151] 唐睿明, 2012. 我国家族上市公司股权结构与公司绩效研究 [D]. 东北财经大学.

[152] 王明琳, 周生春, 2006. 控制性家族类型、双重三层委托代理问题与企业价值 [J]. 管理世界, (8): 12.

[153] 韦革, 2009. 中国转型期家族企业成长的制度分析 [D]. 华中科技大学.

[154] 徐细雄, 2012. 利益侵占、风险补偿与控制权私利: 实验的证据 [J]. 经济管理, (6): 9.

[155] 许静静, 2015. 家族企业外聘CEO类型、两权分离度与企业特质信息披露 [J]. 上海财经大学学报: 哲学社会科学版, 17 (6): 11.

[156] 许静静, 吕长江, 2011. 家族企业高管性质与盈余质量——来自中国上市公司的证据 [J]. 管理世界 (1): 9.

[157] 叶国灿, 2004. 论家族企业控制权的转移与内部治理结

构的演变［J］. 管理世界，(4)：3.

［158］叶康涛，张然，徐浩萍，2010. 声誉、制度环境与债务融资——基于中国民营上市公司的证据［J］. 金融研究，(8)：13.

［159］张远飞，贺小刚，连燕玲，2013. “富则思安”吗？——基于中国民营上市公司的实证分析［J］. 管理世界，(7)：15.

［160］张远飞，贺小刚，连燕玲，2013. 危机冲击、损失规避与家族大股东支持效应［J］. 财经研究，39（7)：12.

［161］祝继高，隋津，汤谷良，2014. 上市公司为什么要退市——基于盛大互动和阿里巴巴的案例研究［J］. 中国工业经济，(1)：13.